中小学信创教育配套实践丛书

小学信息技术

主　编：童红东　楼程伟
副主编：徐晓刚　柳军才
参编人员（排名不分先后，按照笔画排序）：
　　　　包秀益　朱艳文　杨　洁　吴跃胜　陈　栋
　　　　金建树　郑理新　项　峰　洪雄军　徐正茂
　　　　徐敬生　曹　剑　楼正栋

电子工业出版社
Publishing House of Electronics Industry
北京·BEIJING

内容简介

本书由 10 个单元组成，分别为走进计算机、计算机绘画、WPS 文字处理、信息和网络、WPS 演示文稿、玩转 Scratch、物联网技术、智能家居、机器人探秘、认识人工智能。本书在内容编排上遵循教学科学性，基于情景化教学，内容翔实，图文并茂。

本书由一线优秀信息技术教师基于小学三年级到六年级信息技术课程教学体系编写，适合信息技术课程教学实际需求，可以用于学生教学实践参考，也可用于教师教学参考。

未经许可，不得以任何方式复制或抄袭本书之部分或全部内容。
版权所有，侵权必究。

图书在版编目（CIP）数据

小学信息技术 / 童红东，楼程伟主编 . — 北京：电子工业出版社，2022.7
ISBN 978-7-121-43728-1

Ⅰ. ①小… Ⅱ. ①童… ②楼… Ⅲ. ①计算机课—中小学—教材 Ⅳ. ①G634.671

中国版本图书馆CIP数据核字（2022）第101327号

责任编辑：贺志洪
印　　刷：北京缤索印刷有限公司
装　　订：北京缤索印刷有限公司
出版发行：电子工业出版社
　　　　　北京市海淀区万寿路 173 信箱　邮编　100036
开　　本：787×1092　1/16　印张：12.25　字数：137.2 千字
版　　次：2022 年 7 月第 1 版
印　　次：2022 年 7 月第 1 次印刷
定　　价：49.90 元

凡所购买电子工业出版社图书有缺损问题，请向购买书店调换。若书店售缺，请与本社发行部联系，联系及邮购电话：（010）88254888，88258888。

质量投诉请发邮件至 zlts@phei.com.cn，盗版侵权举报请发邮件至 dbqq@phei.com.cn。
本书咨询联系方式：（010）88254609，hzh@phei.com.cn。

序　言

在中小学信息技术通识教育中引入国产龙芯计算机和国产 Linux 操作系统具有重要意义。目前，中小学计算机教室和 STEAM 教育基本上都基于国外技术平台的 Wintel 体系（Intel 的 X86 CPU+微软的 Windows 操作系统）和 AA 体系（ARM 的 CPU+Android 操作系统），成为国外垄断企业的"培训班"。在西方国家垄断的这两个生态体系之外，中国的信息产业发展必须要建设一个独立的自主可控的技术体系，这也是中国 IT 产业的根本出路。经过 21 世纪以来 20 多年的努力，国产 CPU 的性能已经接近国际主流水平，我国信息产业正在迎来改革开放以来前所未有的大变局，我国自主信息产业的发展的关键着力点已经从产品性能转向应用生态的培育。

孩子们喜欢探索和创造，与生俱来的好奇心是驱动人类探索未知领域的永恒动力。在新形势下，我们的基础教育体系不能再走老路，把孩子从小就培养成国外芯片和软件产品的忠实用户。使用国产龙芯和国产 Linux 系统可以增强孩子们的信息技术素养、自主创新意识和爱国主义精神。

自主信息化需要"从娃娃抓起"。推进自主信息系统教育，就要用国产的计算机软件开展教学，让中小学生从国外软件平台转移到国产软硬件教育平台。本套中小学信创教育配套实践丛书就是一个基于国产软硬件的信息技术在中小学教育领域应用的典范。虽然自主信息系统教育目前还只是少数地区的试点工作，本套丛书也仅仅作为信创教育试点的辅助教学资料，但是"涓涓之水，可以成川；星星之火，可以燎原"。相信未来随着越来越多的国产计算机进入中小学教育领域，自主信息系统教育必将成为时代的主流。

走"市场带技术"的道路，通过自主研发掌握 CPU 的核心技术，建立自主可控的信息技术体系，我们失去的只有锁链，得到的将是整个世界。

2022 年 4 月

前 言

当前,在科技自立自强成为国家发展战略的大背景下,发展信息技术应用创新产业(信创)是实现关键核心技术突破的必由之路,也是我国信息技术领域实现从"跟跑"到"领跑"跨越式发展的根本道路。近年来,越来越多国产计算机进入中小学教育领域,例如,浙江省金华市从2020年开展中小学信创教育试点以来,已经配备了数万台国产计算机,但目前在用的中小学信息技术教材是以MS Windows为基础编写的,与信创教育试点的实际需求有一定差距。为了解决这一问题,我们召集了中小学信息技术教育一线的名师、骨干教师编写了这套中小学信创教育配套实践丛书。

本册是小学信息技术部分,由10个单元组成,按顺序分别是:走进计算机、计算机绘画、WPS文字处理、信息与网络、WPS演示文稿、玩转图形化编程、走进物联网、智能家居、机器人探秘、走进人工智能,主要供小学三至六年级的信息技术课程教学实践操作应用配套使用。

本套实践丛书的特点是以帮助学生获取有关学习、生活的信息,利用信息技术解决日常学习、生活中的实际问题为出发点,精心设计了一系列学习任务。这些任务有些取材于信息技术学科发展的内容,有些取材于其他与科学技术发展相关的内容。在借助国产信息技术完成这些任务的同时，学习者将学习国产信息技术的基础知识和基本操作，学会如何获取自己需要的信息，如何在交流中构建自己的知识体系；学会如何整理、加工并表达信息。在学习知识、技能、方法等具体内容的基础上，培养学生学会学习，提升学生的信息核心素养。

本套实践丛书在内容编排上遵循教学科学性，在单元卷首设置了单元学习任务的提示，基于情景化教学，利用师生对话创设本课的学习情景，指出本课的教学任务。每个教学单元依托"蛛网结构"将各任务围绕主任务紧密联系。从学习者的角度出发，书中编排了"试一试""想一想""练一练"等内容激发学生的学习兴趣，还编排了"动手与尝试""拓展与思考"栏目培养学生学习的自主性和探究精神。教师在应用本实践丛书教学时可根据学生的实际情况，灵活安排每一课的学习时间。

编　者

目　录

第一单元　走进计算机……………………………………………… **001**
　　第 1 课　认识计算机 ……………………………………… 002
　　第 2 课　使用键盘 ………………………………………… 007
　　第 3 课　文件与目录管理 ………………………………… 010

第二单元　计算机绘画……………………………………………… **015**
　　第 4 课　初识计算机绘画 ………………………………… 016
　　第 5 课　风光如画 ………………………………………… 020
　　第 6 课　多彩的世界 ……………………………………… 024
　　第 7 课　美丽的倒影 ……………………………………… 029
　　第 8 课　年年有余 ………………………………………… 034

第三单元　WPS 文字处理………………………………………… **039**
　　第 9 课　初识文字处理软件 ……………………………… 040
　　第 10 课　学会汉字输入 …………………………………… 044
　　第 11 课　文字修改、替换 ………………………………… 047
　　第 12 课　文字和段落设置 ………………………………… 050

第 13 课　图文并茂美化文档 …………………………… 054

第 14 课　在文档中设计表格 …………………………… 058

第 15 课　美化表格 ……………………………………… 061

第四单元　信息与网络 …………………………………… 065

第 16 课　走进数字化生活 ……………………………… 066

第 17 课　初识网络世界 ………………………………… 068

第 18 课　使用浏览器 …………………………………… 072

第 19 课　分类查找 ……………………………………… 075

第 20 课　文件管理 ……………………………………… 079

第 21 课　电子邮箱的使用 ……………………………… 082

第 22 课　之江汇学习平台 ……………………………… 085

第五单元　WPS 演示文稿 ………………………………… 091

第 23 课　初识"WPS 演示" …………………………… 092

第 24 课　丰富幻灯片内容 ……………………………… 096

第 25 课　设置背景 ……………………………………… 099

第 26 课　设置切换和动画效果 ………………………… 102

第六单元　玩转图形化编程 ……………………………… 107

第 27 课　初识图形化编程 ……………………………… 108

第 28 课　生动的海底世界 ……………………………… 112

第 29 课　大鱼吃小鱼 …………………………………… 117

第 30 课　鲨鱼会算数 …………………………………… 121

第 31 课　鲨鱼才艺秀 …………………………………… 124

| 第 32 课 | 明亮的海底世界 | 128 |
| 第 33 课 | 鲨鱼会画画 | 132 |

第七单元　走进物联网 … 137

第 34 课	认识物联网	138
第 35 课	初识传感器	142
第 36 课	初识蓝牙通信技术	145

第八单元　智能家居 … 149

第 37 课	智能家居	150
第 38 课	电子标签	155
第 39 课	智慧出行	158

第九单元　机器人探秘 … 161

第 40 课	认识机器人	162
第 41 课	走进机器人	165
第 42 课	让机器人动起来	167
第 43 课	机器人避障	171
第 44 课	机器人巡线	173

第十单元　走进人工智能 … 177

第 45 课	认识人工智能	178
第 46 课	人工智能技术应用	181
第 47 课	OCR 文字识别	184

第一单元　走进计算机

近年来，随着我国科技水平不断提升，国产计算机得到长足的发展，国产"龙芯"3A5000处理器和国产统信操作系统应运而生，为我国的"信创"事业打下了坚实的基础。

那么，如何学好信息技术这门课程呢？我们要从认识与掌握计算机出发，注重理论知识理解的同时，也要注重实践操作。

本单元，我们将从认识计算机出发，了解计算机的基本组成，熟练使用键盘和鼠标，了解国产统信UOS操作系统的桌面环境，学会启动和关闭软件，尝试管理计算机中的文件与文件夹。

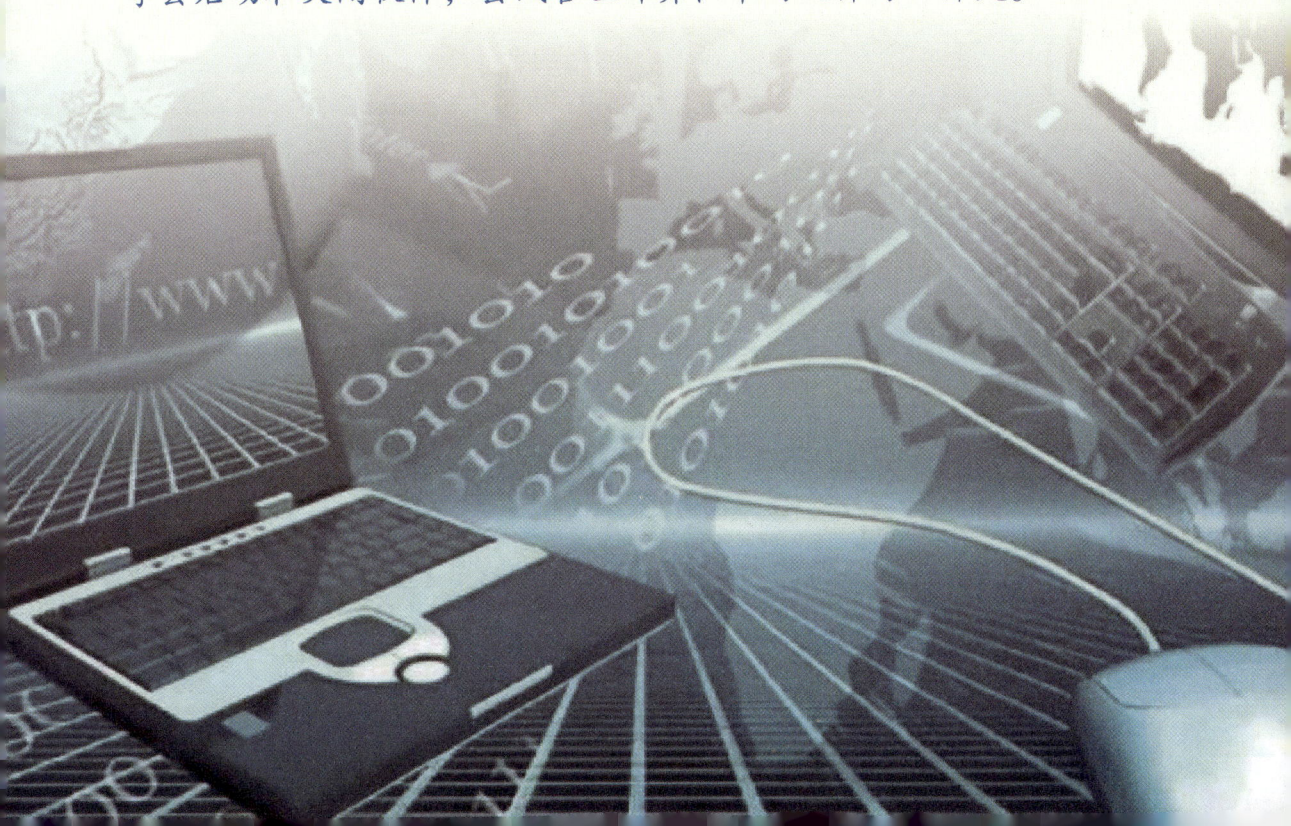

第 1 课　认识计算机

电脑是计算机的俗称,我们一起了解这位新朋友吧!

可是什么是计算机呢?

计算机主要由主机、显示器、鼠标和键盘等几部分组成,如图 1-1 所示。

图 1-1　计算机的组成

我们的主机主要由 CPU（龙芯）、内存、固态硬盘、显卡、电源、光驱等设备构成。图 1-2 所示的主机部件都是我们的国产设备。

图 1-2　主机的主要部件

1. 启动计算机

打开显示器、主机开关，启动计算机。输入密码后成功登录计算机。统信 UOS 桌面环境如图 1-3 所示。

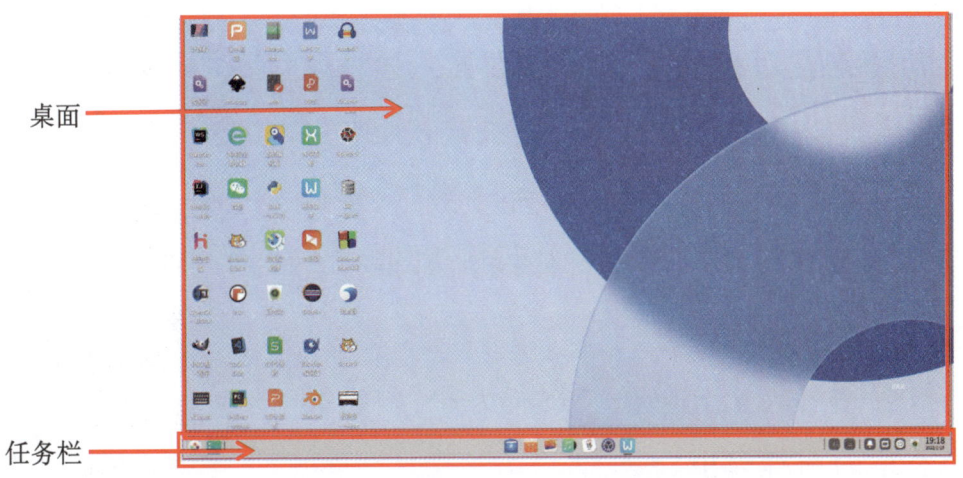

图 1-3　统信 UOS 桌面环境

2. 操作鼠标

鼠标是我们操作计算机最常用的输入工具，因形状像只可爱的老鼠得名，如图1-4所示，我们一起来学习它的操作手势吧！

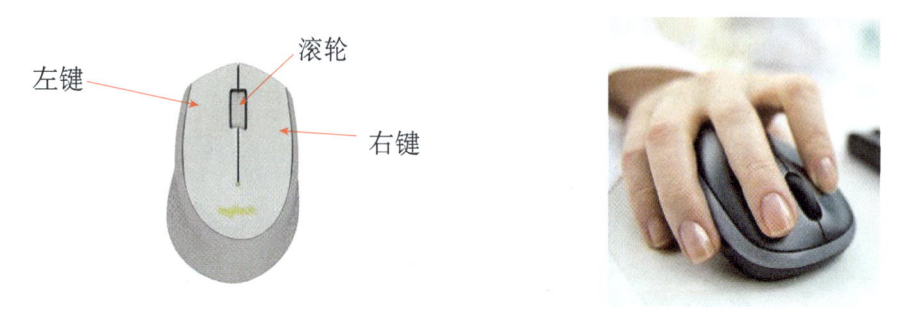

图1-4　鼠标的操作手势

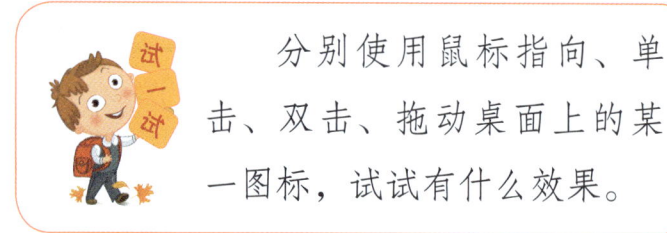

> 分别使用鼠标指向、单击、双击、拖动桌面上的某一图标，试试有什么效果。

3. 桌面设置

桌面是我们登录计算机看到的主屏幕。在桌面任意空白位置单击鼠标右键，弹出桌面设置菜单如图1-5所示，一起来试试吧！

设置排序方式：单击"排序方式"，可以设置按名称、大小、类型、修改时间排列桌面图标。

设置图标大小：单击"图标大小"，选择一个合适的图标大小。

更改壁纸：单击"壁纸与屏保"，选择某

图1-5　桌面设置菜单

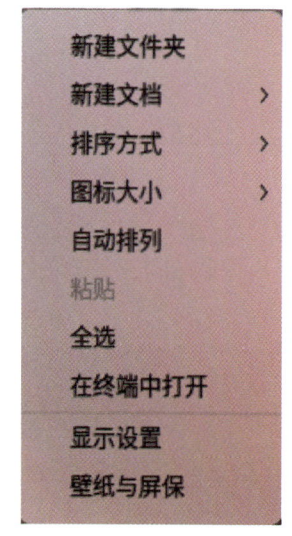

一壁纸后，壁纸设置就会生效。

> 利用我们刚学的知识，设置一个你喜欢的桌面！

4. 认识任务栏图标

如图1-6所示，任务栏图标包括启动器与显示桌面、应用程序图标、托盘区和系统插件图标等。

图标	说明	图标	说明
	启动器 - 单击查看所有已安装的应用。		显示桌面。
	多任务视图 - 单击显示工作区。		文件管理器 - 单击查看磁盘中的文件、文件夹。
	浏览器 - 单击打开网页。		商店 - 搜索安装应用软件。
	相册 - 导入并管理照片。		音乐 - 播放本地音乐。
	联系人 - 好友通信，视频会议。		日历 - 查看日期、新建日程。
	控制中心 - 单击进入系统设置。		通知中心 - 显示所有系统和应用的通知。
	桌面智能助手 - 使用语音或文字来发布指令或进行询问。		屏幕键盘 - 单击使用虚拟键盘。
	电源 - 单击进入关机界面。		回收站。

图1-6　任务栏图标

启动器帮助你管理系统中已安装的所有应用，在启动器中使用分类导航或搜索功能可以快速找到你需要的应用程序，界面如图1-7所示。

切换模式：启动器有全屏和小窗口两种模式。

应用搜索：两种模式均支持搜索应用。

应用程序的打开：滚动鼠标滚轮，找到你要打开的应用程序，单击鼠标左键，就可以打开应用程序（应用程序，简称应用）。

图 1-7　启动器界面

在启动器界面右键单击（右击）应用程序，我们还可以进行什么操作呢？

6. 关闭计算机

利用鼠标单击任务栏上的 ⏻ 进入关机界面，再单击"关机"就可以关机。关机界面如图 1-8 所示。

图 1-8　关机界面

第 2 课　使用键盘

你知道计算机的键盘是用来做什么的吗？

是用来输入文字的吧？

1. 键盘功能区

键盘是计算机输入设备。键盘主要分为功能键区、状态指示区、主键盘区、编辑键区和小键盘区五大功能区，如图 2-1 所示。

图 2-1　键盘功能分区

2. 主键盘区和基准键位

主键盘区主要负责输入，它还有一些常用的功能键辅助输入。键盘输入指法是根据主键盘上有 8 个"基准键"来定位的，每个手指负责一块区域，如图 2-2 所示。

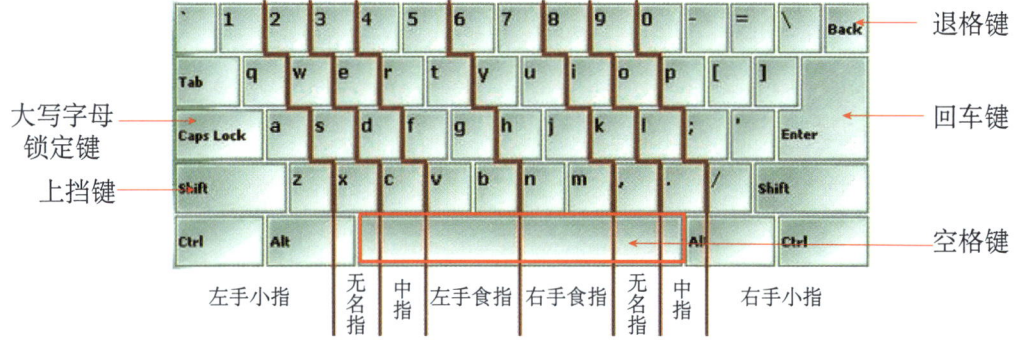

图 2-2 主键盘区功能键和基准键位

空格键：每按键一次，光标向后移动一位。

回车键：每按键一次，即另起一行或者执行一个命令。

退格键：每按键一次，删除光标前面的一个字符。

大写字母锁定键：每按键一次，输入字母的大小写锁定状态会发生改变。

上挡键：键盘上的双符键，大写字母输入时会用到。

3. 使用计算机的正确姿势

我们在使用计算机的过程中，应该保持正确的姿态。这一点非常重要，同时还要注意劳逸结合，如图2-3所示。

上身挺直肩放平，
全身放松脚放平。
手腕和肘成直线，
双肩放松不张开。
手指自然轻弯曲，
放在基准键位上。

图2-3　正确坐姿示意

动手与尝试

单击"启动器"，找到"KTouch"指法练习软件，启动"KTouch"指法练习软件，如图2-4所示。

图2-4　"KTouch"指法练习软件

使用"KTouch"软件练习输入英文的速度，要保持好坐姿和正确的指法哦！

第 3 课　文件与目录管理

计算机中有很多文件，它是用什么来管理的呢？

是用"文件管理器"吗？

单击"启动器"，打开"文件管理器"，它是我们管理计算机文件的重要工具。文件管理器如图 3-1 所示。

图 3-1　文件管理器

动手与尝试

1. 文件管理器窗口操作

最小化窗口：单击"最小化"按钮，可以把窗口隐藏到"任务栏"；单击"任务栏"上的窗口图标，窗口就恢复了。窗口操作按钮如图 3-2 所示。

图 3-2　窗口操作按钮

最大化窗口：单击"最大化"按钮，可以实现窗口的最大化和恢复到原来的大小。

关闭窗口：单击"关闭"按钮，可以关闭窗口。

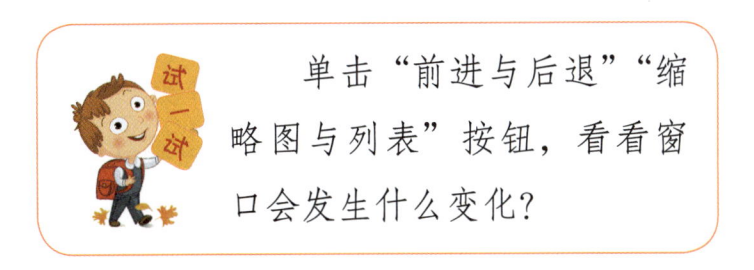

> 试一试：单击"前进与后退""缩略图与列表"按钮，看看窗口会发生什么变化？

2. 认识文件与文件夹

文件与文件夹到底是什么样的？我们一起来看看吧！如图 3-3 所示。

图 3-3　文件与文件夹

3. 文件与文件夹创建

我们该如何创建文件与文件夹呢？首先你要确定你的文件或文件夹要创建在什么位置，如图3-4所示，在"文档"目录下创建"作业"文件夹。

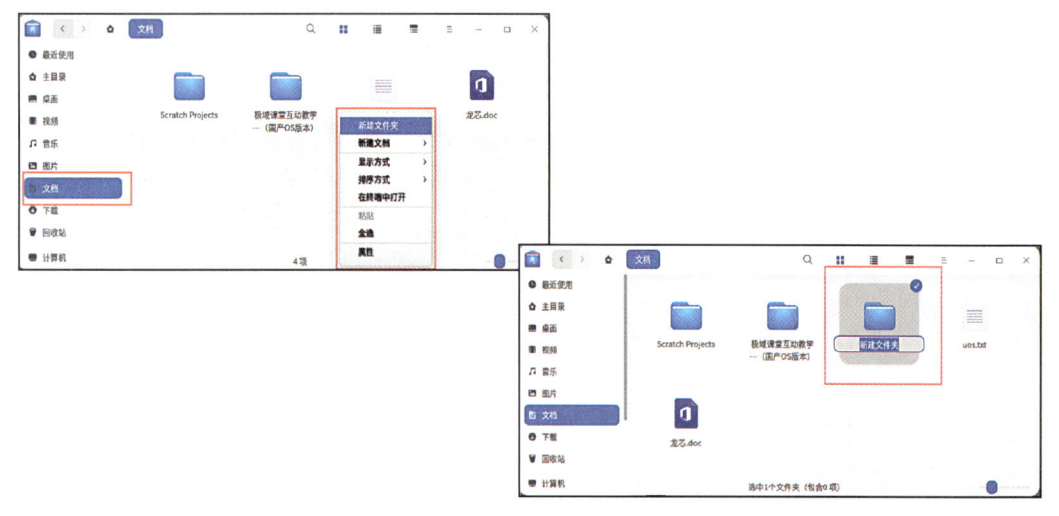

图 3-4　文件夹的创建

打开文件管理器，单击"文档"目录，在空白处单击鼠标右键（简称右击），在弹出的菜单中选择"新建文件夹"。

在当前窗口中出现新文件夹，我们就可以输入要创建的文件夹名称了。

> **试一试**　在我们刚刚创建的"作业"文件夹里面，创建一个以"作业一"命名的文本文件。

4. 文件复制与粘贴

文件与文件夹都可以实现"复制"与"粘贴"操作，如图3-5

所示，这也是学习计算机必备的基础知识。

鼠标右击要复制的文件，在弹出的菜单中选择"复制"。看看文件夹有什么变化？

"复制"好文件，选择你要粘贴的位置的空白处，右击鼠标，在弹出的菜单中选择"粘贴"，你有什么发现呢？

图 3-5　文件的复制

> 我们刚刚学会了文件的"复制"与"粘贴"，来试试文件夹能不能进行这样操作？

拓展与思考

"复制"—"粘贴"与"剪切"—"粘贴"有什么不同？

第二单元　计算机绘画

　　"KolourPaint"软件是计算机绘画软件中的一种，很适合小学生进行计算机绘画创作，下面这些作品就是用"KolourPaint"软件创作的计算机绘画作品。

第 4 课　初识计算机绘画

什么是计算机绘画呢？

计算机绘画指用计算机的手段和技巧进行创作，不同于一般的纸上绘画。计算机绘画的种类与用途很多，如动画、漫画、插图、广告制作、网页制作、服装设计、建筑效果图、各种示意图、演示图等。

动手与尝试

1. 启动"KolourPaint"软件

单击"启动器"按钮，并单击"KolourPaint"软件图标，即可以打开"KolourPaint"窗口，如图 4-1 所示。

"KolourPaint"软件图标

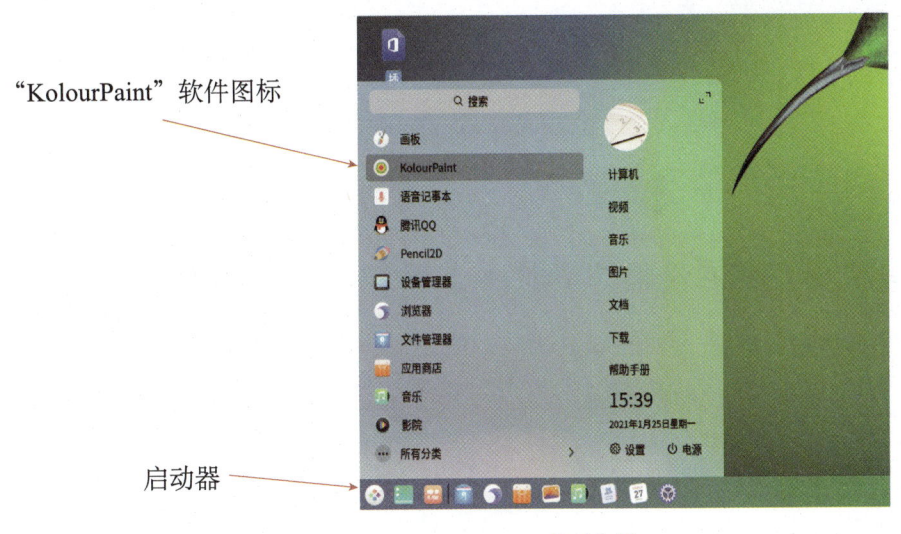

启动器

图 4-1 "KolourPaint"软件

2. 认识"KolourPaint"窗口

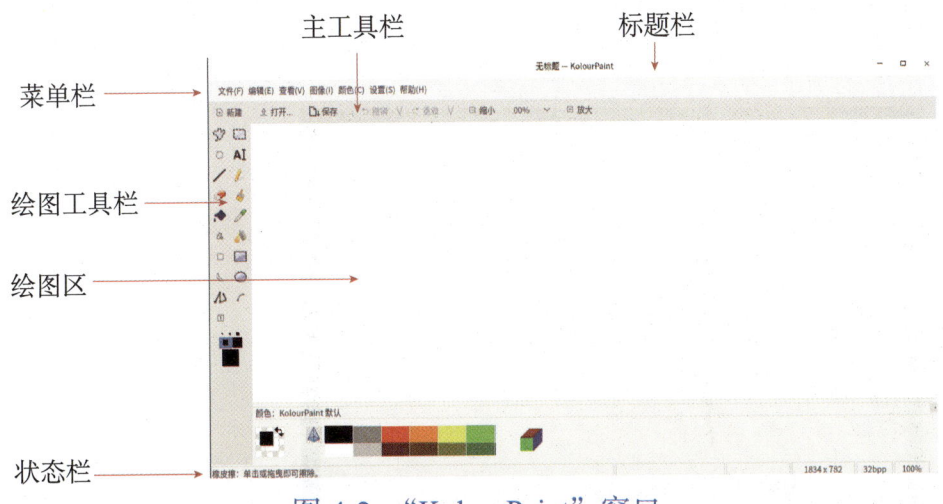

"KolourPaint"窗口主要包括标题栏、菜单栏、主工具栏、绘图工具栏、绘图区、状态栏等几个部分，如图4-2所示。

主工具栏　　　　　标题栏

菜单栏

绘图工具栏

绘图区

状态栏

图 4-2 "KolourPaint"窗口

> "KolourPaint" 窗口右上角的3个按钮分别有什么作用？

当鼠标指针在绘图工具按钮上停留时，指针下方就会显示这个工具的名称。单击这个工具后，就可以在绘图区尝试操作了！

> 使用绘图工具栏中的"刷子"工具，配合颜料盒中的多种颜色，在绘图区画一棵美丽的树，画得不满意的地方可以用"橡皮擦"工具擦除。

3. 关闭 "KolourPaint" 窗口

使用完"KolourPaint"软件之后，应该正确地关闭程序，如图 4-3 所示。

图 4-3　关闭 "KolourPaint" 窗口

使用绘图工具栏中的几种工具，在绘图区画一画各种各样的树。

拓展与思考

单击"关闭"按钮后，在弹出的对话框中分别单击"保存""放弃""取消"按钮，思考不同的选择会有怎样的结果？

第 5 课　风光如画

（美丽的风景，如图 5-1 所示）哇！绿水青山真美啊！

这也是用"KolourPaint"软件画出来的！

图 5-1　美丽的风景

动手与尝试

1. 改变"画纸"大小

画一幅风景时有时会要求画纸大一些，使用"图像"菜单中的"改变大小/缩放"功能，在打开的对话框中可以调整画纸的大小，建议输入宽度 1800 像素，高度 750 像素，如图 5-2 所示。

1. 输入宽度和高度

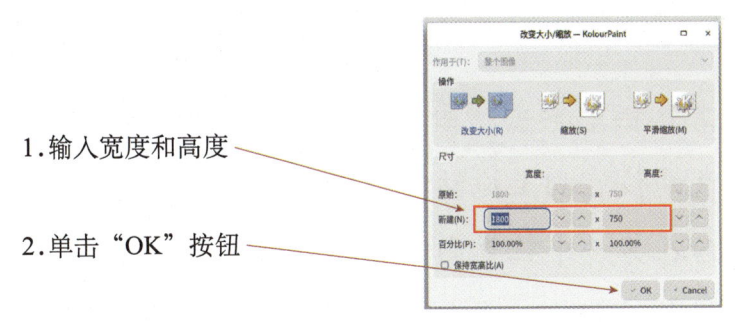

2. 单击"OK"按钮

图 5-2 "改变大小 / 缩放"对话框

2. 画地平线

（1）在工具栏中单击"直线"工具。

（2）在"工具状态选择器"中选择合适的线宽。

（3）拖动鼠标，从画纸的最左侧到最右侧画出地平线。如果想画出绝对水平的直线，需要按住键盘上的 Shift 键同时绘制直线，如图 5-3 所示。

1. 单击"直线"工具

2. 选择合适的线宽

图 5-3 用直线画出地平线

> 如果想在绘画的过程中尽可能大地展示绘画的内容，可以单击"KolourPaint"窗口右上角的"最大化"按钮让窗口占满整个屏幕。

3. 画远山

（1）在工具栏中单击"曲线"工具，在地平线的上面画出一条直线，在合适的位置向上拖动直线，形成第一个弧。

（2）然后在另一个位置向下拖动，形成第二个弧。

（3）在操作过程中，在任何一个步骤上单击鼠标右键都可以完成曲线的绘制，如图5-4所示。

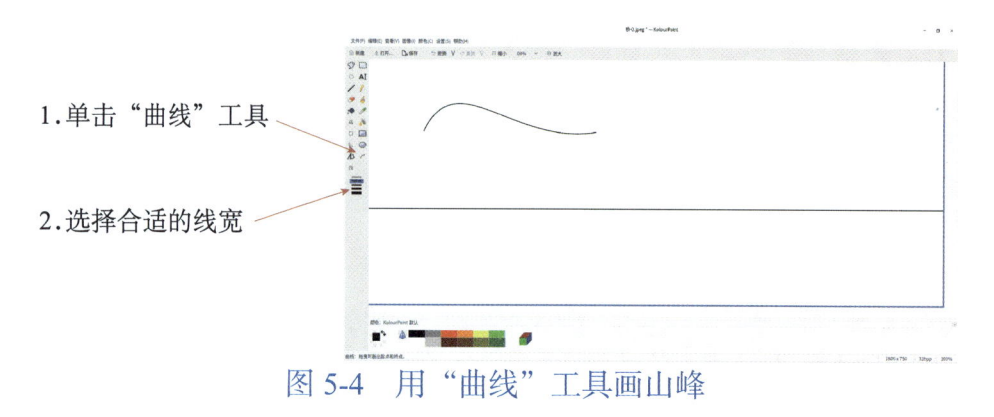

1. 单击"曲线"工具

2. 选择合适的线宽

图 5-4 用"曲线"工具画山峰

4. 画群山和景物

用相同的操作，在地平线的上方不同的部位画出群山。用"橡皮擦"工具把多余的线条清除干净，如图5-5所示。

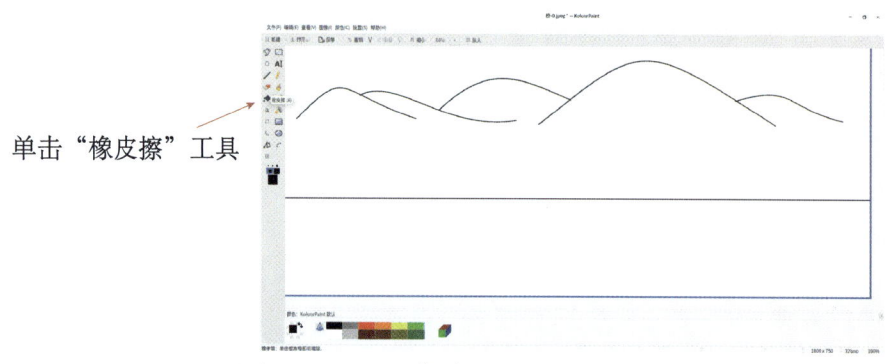

单击"橡皮擦"工具

图 5-5 用"曲线"工具画群山

> **练一练**　根据自己的想象并选择合适的工具，为图画添加更多的景物，让画面更丰富。

5. 保存作品

单击主工具栏中的"保存"按钮，在弹出的"图像另存为"对话框中输入图画的名字"fengguang"（"风光"一词的汉语拼音），单击"保存"按钮，我们画的图画就保存好了，如图5-6所示。

1.输入图画的名字"fengguang"　　2.单击"保存"按钮

图5-6　保存图画

拓展与思考

你能给画增加不同的颜色，请动手试试看吧！

第 6 课　多彩的世界

看如图 6-1 所示的多彩的世界，哇！有了色彩的图画显得生机勃勃！

是啊！我们的世界不能没有色彩！

图 6-1　多彩的世界

动手与尝试

1. 打开"fengguang"图画

怎样为上次保存的作品添上颜色呢？

打开"KolourPaint"画图软件，在快捷工具栏中单击"打开"

按钮，在弹出的对话框中选择图画"fengguang"的存储位置，找到后单击选中"fengguang"文件，再单击"打开"按钮，确认打开即可，如图6-2所示。

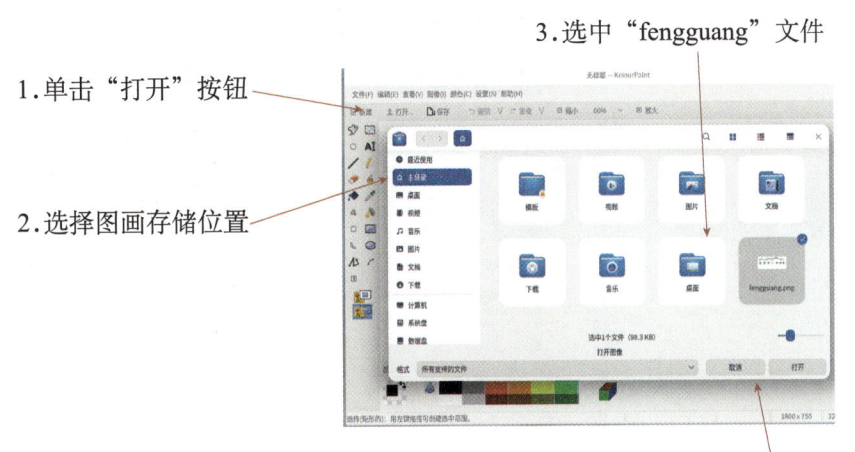

1. 单击"打开"按钮
2. 选择图画存储位置
3. 选中"fengguang"文件
4. 单击"打开"按钮，确认打开

图6-2　打开图画

2. 前景色和背景色

单击"颜料盒"中的颜色块可以设置前景色，右击颜色块，则可以设置背景色，如图6-3所示。在画图时，前景色和背景色都可以使用，使用鼠标左键画图出现的是前景色；使用鼠标右键画图出现的是背景色。

前景色
背景色

图6-3　前景色和背景色

3. 添加颜色

颜料盒中可以直接使用的颜色有12种，想要使用更多的颜色可以通过打开色板来选取。双击"颜料盒"内任意一种颜色，在弹出的"选择颜色"对话框中选择需要的颜色，然后单击"OK"按钮将所选颜色更换到"颜料盒"中，再选取使用，如图 6-4 所示。

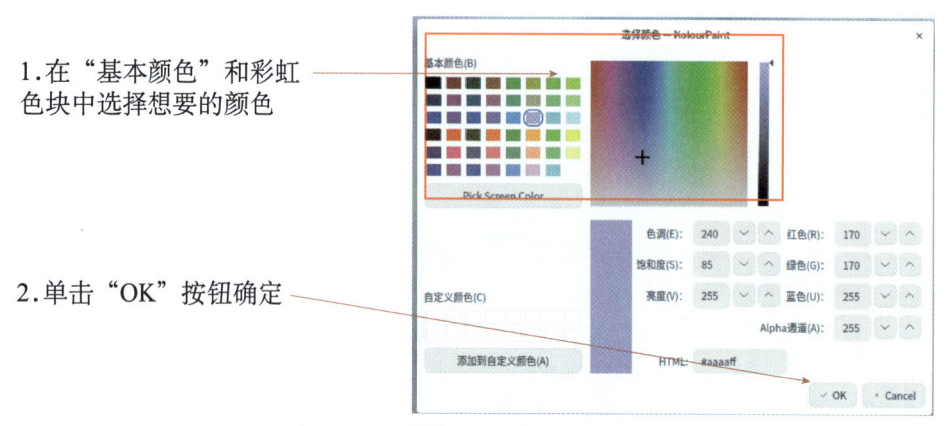

1. 在"基本颜色"和彩虹色块中选择想要的颜色

2. 单击"OK"按钮确定

图 6-4　更换"颜料盒"颜色

> 如何在"选择颜色"对话框中添加"自定义颜色"？

4. 给景物上色

用"填充"工具可以对图形的封闭区域上色，具体的操作步骤如图 6-5 所示。

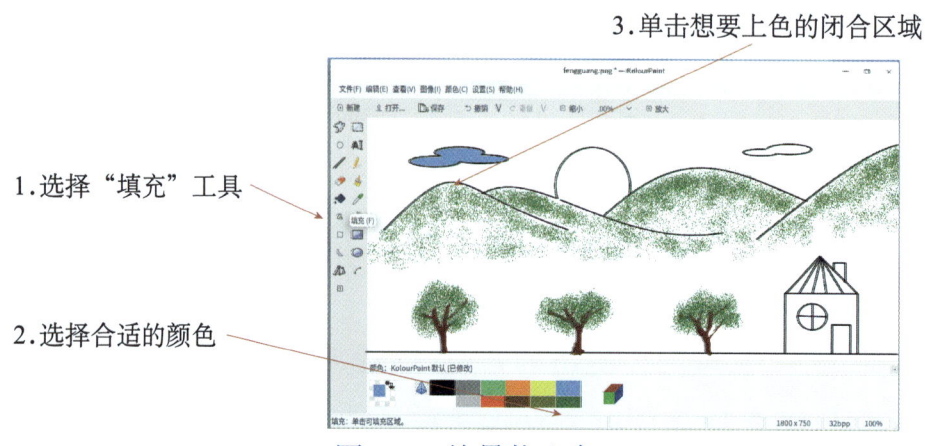

3. 单击想要上色的闭合区域
1. 选择"填充"工具
2. 选择合适的颜色

图 6-5　给景物上色

想一想：为什么有时候上色的颜料会漏到"闭合"区域之外，如图 6-6 所示？

图 6-6　上色

练一练：为画面中的景物添加漂亮的色彩吧！

5. 画错了，不要紧

在用计算机绘画的过程中出错是经常会发生的，除了可以用"橡皮擦"等工具及时修改之外，还可以用"撤销"操作回到出错之前的步骤，并且还可以"撤销"很多次，如图 6-7 所示。

试一试：用过"撤销"工具后，看看"重做"工具的作用是什么？

图 6-7 "撤销"操作

"撤销"工具

6. 保存作品

一张漂亮的计算机绘画作品往往需要多次绘制才能完成，所以及时保存作品的修改很重要。及时保存信息是使用计算机的好习惯。单击快捷工具栏中的"保存"按钮可以方便地保存对作品的修改。

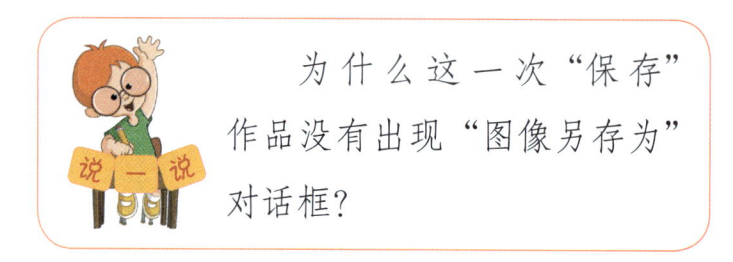

> 说一说：为什么这一次"保存"作品没有出现"图像另存为"对话框？

拓展与思考

大家听说过《小猴子捞月亮》的故事吗？请问井里为什么也会有月亮呢？应该如何去画我们看到的水里的倒影呢？

第二单元 计算机绘画 029

第 7 课 美丽的倒影

看如图 7-1 所示的美丽的倒影，太神奇了，这倒影画得和景物一模一样啊！

哈哈！这就是计算机的强大之处。

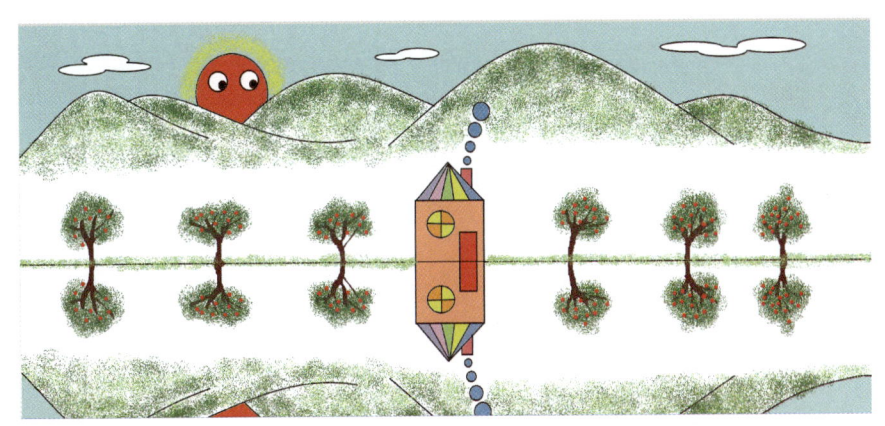

图 7-1 美丽的倒影

动手与尝试

1. 图形的选择

打开上一节课保存的风光图画，单击"选择"工具中的"选择

（矩形的）"工具按钮，拖动鼠标，将要选择的图像内容框选，如图 7-2 所示。

1.单击"选择（矩形的）"工具　　2.拖动鼠标框选水平线以上全部图像

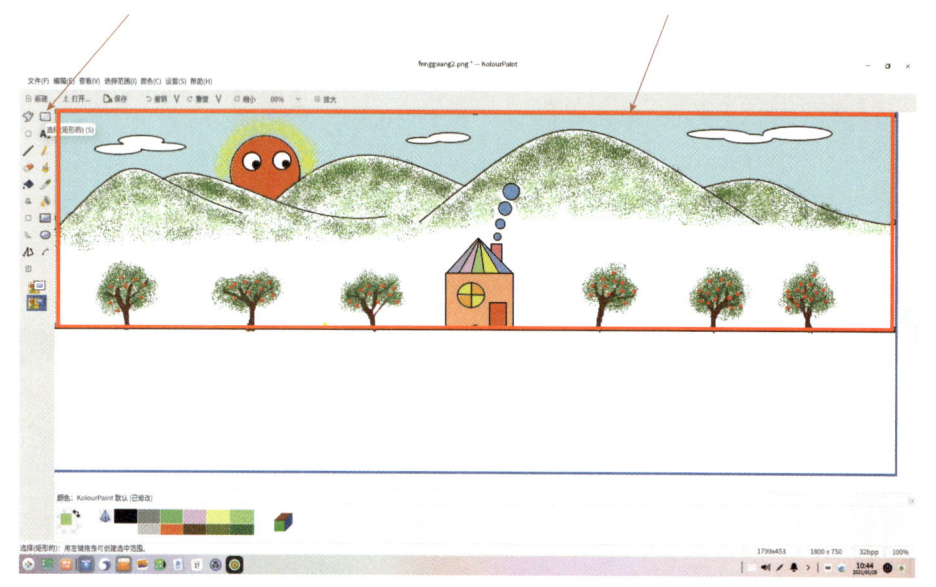

图 7-2　选择图像

用过"选择（矩形的）"工具后，看看"选择（椭圆的）"和"选择（自由形式）"工具有什么不同？

2. 制作倒影

复制和粘贴是计算机应用中最常见的操作，使用"复制"命令可以将用"选择"工具选定的图像内容复制成一模一样的一份存放在计算机的存储器中，然后通过"粘贴"命令让它显示在绘图区域里，每操作一次"粘贴"命令就生成一份，可以粘贴很多次。

在选定水平线以上的图像后，就可以通过"复制"和"粘贴"命令做出水中的倒影，如图 7-3、图 7-4 所示。

（1）使用"选择（矩形的）"工具选中水平线以上的图像。

（2）单击"编辑"菜单中的"复制"命令。

（3）单击"编辑"菜单中的"粘贴"命令，刚才复制的图像内容就出现在绘图区域了。

（4）单击状态选择器中的透明选项，应用透明背景。

（5）单击"选择范围"菜单中的"翻转（上下）"命令生成倒影图像。

（6）用鼠标拖动倒影图像到水平线以下的位置完成倒影，如图7-5所示。

1.单击"编辑"菜单中的"复制"命令

2.单击"编辑"菜单中的"粘贴"命令

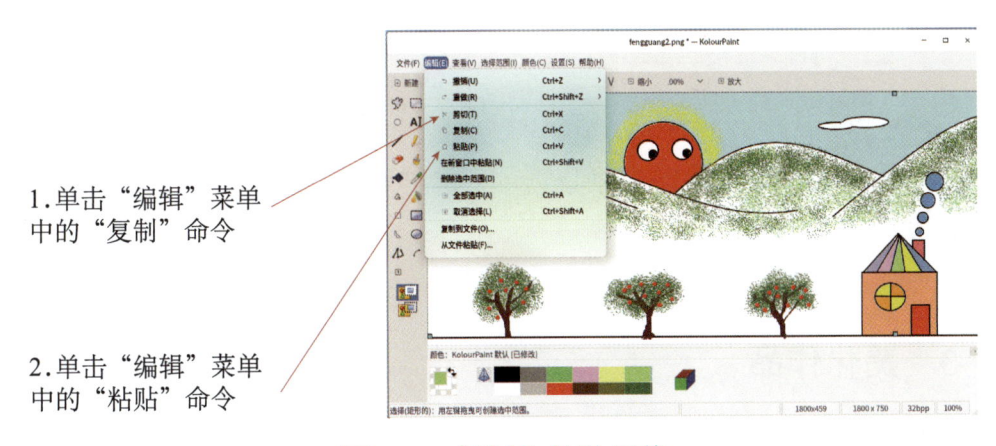

图7-3　复制和粘贴图像

3.单击"选择范围"菜单中的"翻转（上下）"命令

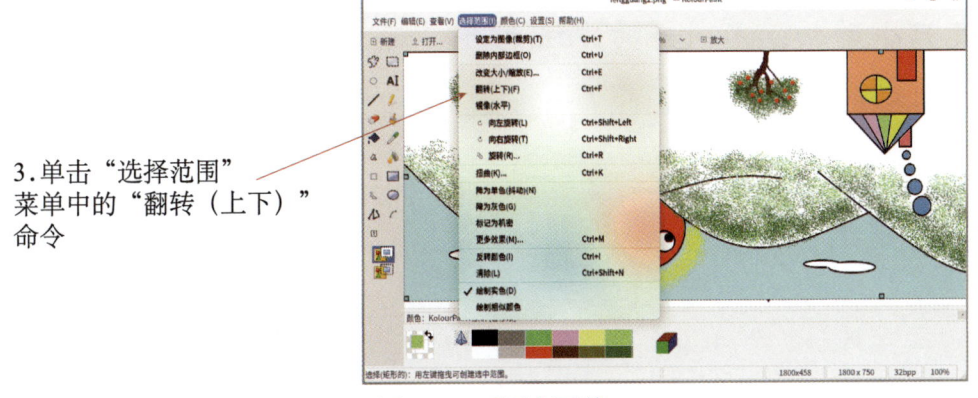

图7-4　翻转图像

图 7-5　移动图像

选定一个图像后，使用"编辑"菜单中的"剪切"－"粘贴"操作和"复制"－"粘贴"操作有什么不同？

3. 美化作品

为了使画面更加美观，可以使用"喷雾罐"工具在水平线上铺上一层绿油油的嫩草；也可以在天上画几只小鸟；还可以在草地上画几只小动物，用同样的方法也可以制作出倒影，如图 7-6 所示。画完别忘记及时保存哦！

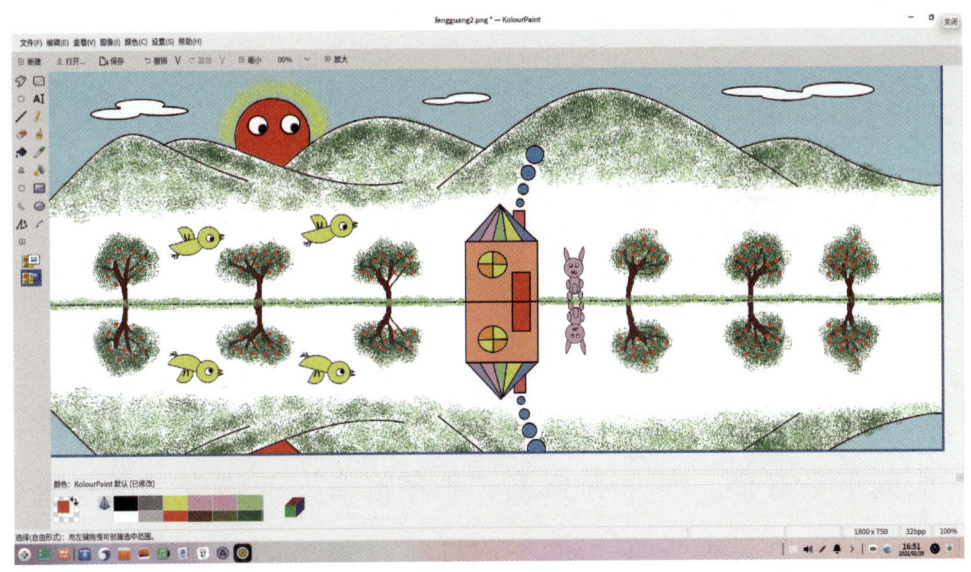

图 7-6　美化图像

> 用"复制"和"粘贴"命令为画面添加更多的小动物并完成倒影。

拓展与思考

学了今天的课，你觉得计算机绘画与在纸上画画对比，哪些地方你觉得计算机绘画更好呢？

第 8 课　年年有余

在中国传统文化中，鱼是吉祥的象征，因"鱼"与"余"谐音，象征年年有余。年年有鱼是"年年有余"的谐音，所以鱼代表多的意思，就是说财富多，每年都过得很好，到过年时财富还有很多剩余的意思，如图 8-1 所示。

图 8-1　漂亮的鱼盘

这些鱼盘真漂亮！为什么都要用鱼作为图案呢？

第二单元　计算机绘画　035

动手与尝试

1. 绘制盘子

单击工具栏中的"椭圆"工具，同时按住键盘上的 Shift 键，在绘图区域绘制两个大小不等的正圆。利用"选择"工具选中小圆并移动到大圆的正中位置，如图 8-2 所示。

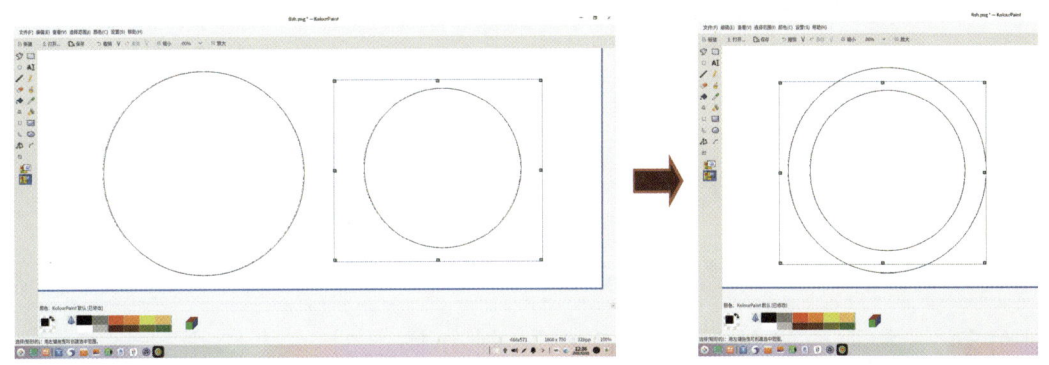

图 8-2　绘制盘子

2. 绘制小鱼

根据自己的设想，利用绘图工具设计一款小鱼的图案，并放在盘子的右侧，可以参考图 8-3。为了绘制方便，可以适当画得大一点，如图 8-4 所示。

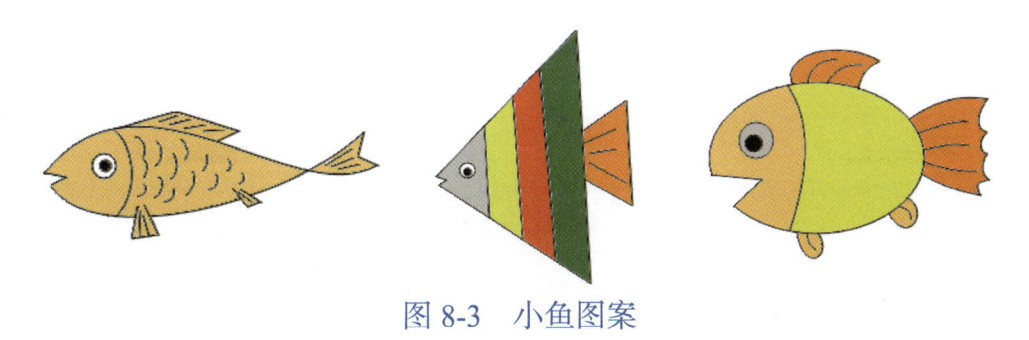

图 8-3　小鱼图案

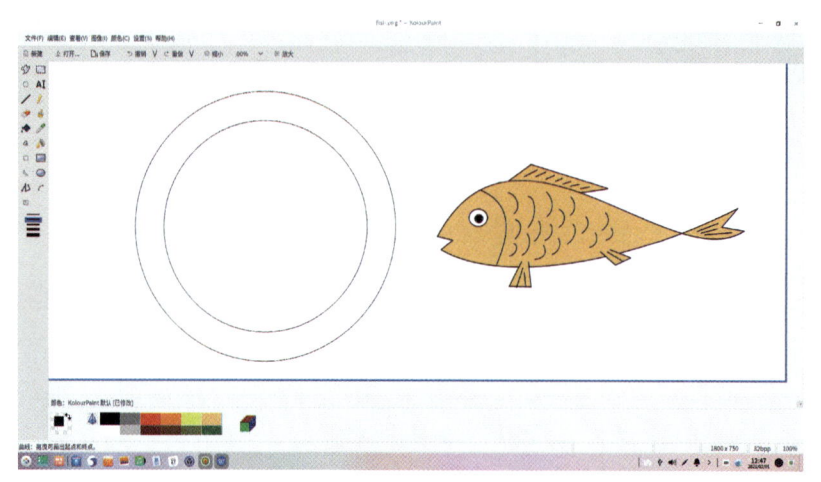

图 8-4　绘制小鱼

3. 调整图像的大小

用"选择"工具选定小鱼图像，在虚线框的四周会出现 8 个控制句柄，将鼠标指针移至这几个控制句柄上时，鼠标指针将变成双箭头形状，此时拖动鼠标，就能对选中的图像进行放大和缩小操作。将小鱼的大小调整到合适的状态并移动到小圆中，如图 8-5 所示。

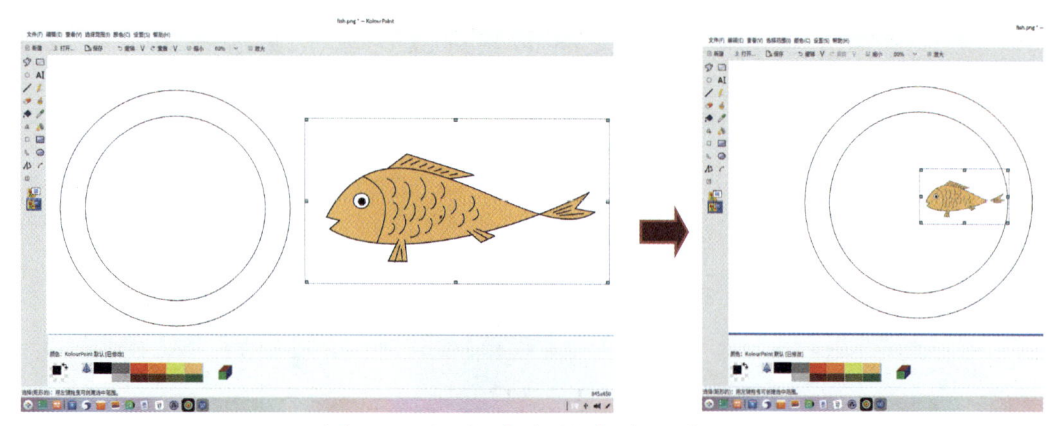

图 8-5　调整小鱼的大小和位置

4. 图像的镜像

在位置调整到位之后，保留小鱼的选中状态复制小鱼，粘贴出

第二条一模一样的小鱼。单击"选择范围"菜单中的"镜像（水平）"功能，让小鱼转个身，同时将小鱼移动到第一条小鱼的对面，如图8-6所示。

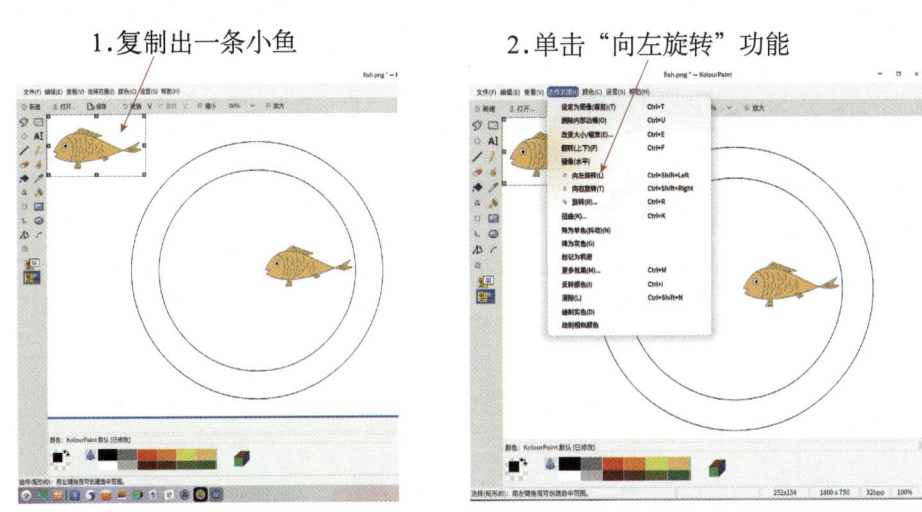

图8-6 图像的镜像

5. 图像的旋转

再次使用"粘贴"命令生成第三条小鱼，单击"选择范围"菜单中的"向左旋转"功能，让小鱼头朝下。同时移动小鱼到合适位置，如图8-7所示。

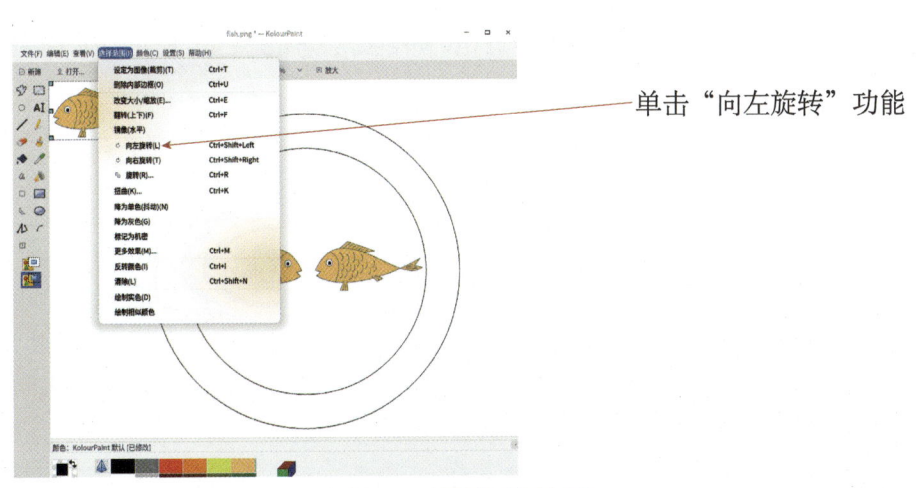

图8-7 图像的旋转

思考一下！第四条小鱼该用什么方法完成呢？你可以用多少种方法来完成？

6. 鱼盘的美化

四条小鱼都头对头地游到一起了，让我们再给它们加一些水草装饰一下吧！可以用同样的方法让水草呈现出对称美。在盘子的边缘用自己的方法进行美化，如图 8-8 所示。

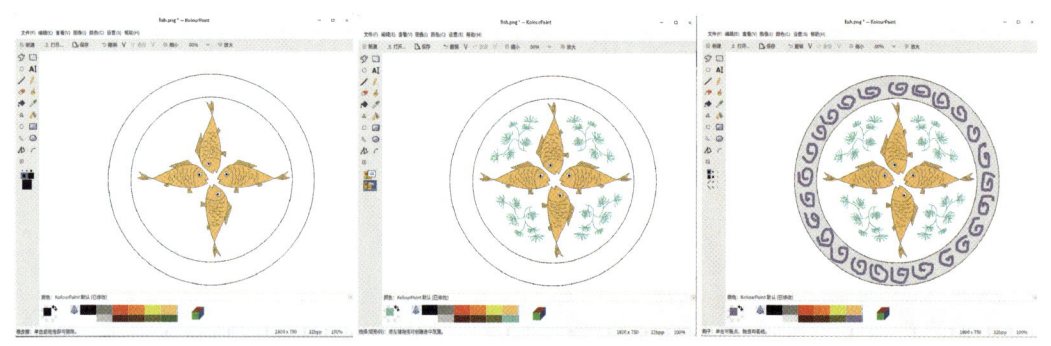

图 8-8　鱼盘的美化

拓展与思考

通过今天的学习，你还设计出哪些漂亮的计算机绘画作品呢？赶紧动手试试看吧！

第三单元　　WPS 文字处理

在计算机上写作文，修改方便，排版轻松。以前的"创作"是用笔写文稿，改来改去，最终在纸上把一篇文章改得乱七八糟，连自己都看不懂了。现在，在计算机上完成，无论怎么改，都不留痕迹，既方便快捷，又整洁美观。而且还可以对文档进行各种美化，让作品变得更加赏心悦目，犹如精美的刊物。

我的作文集
××小学　×××

第 9 课　初识文字处理软件

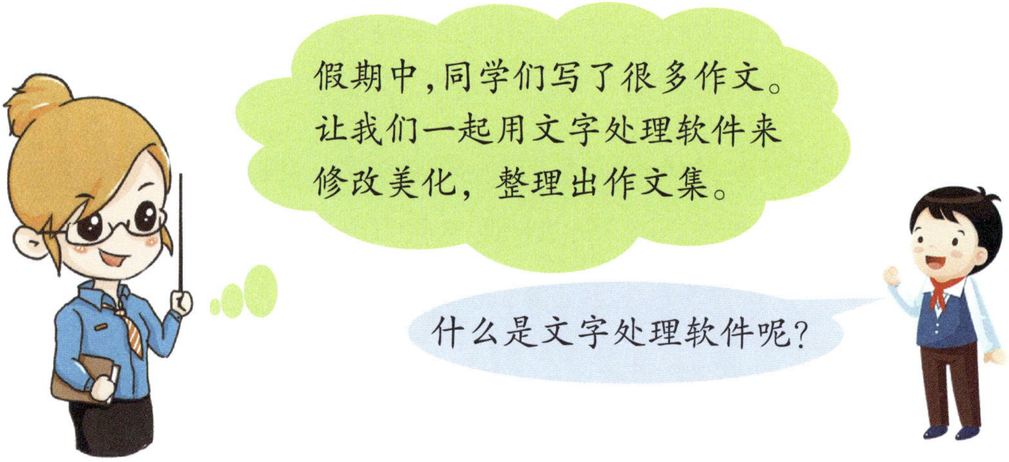

假期中,同学们写了很多作文。让我们一起用文字处理软件来修改美化,整理出作文集。

什么是文字处理软件呢?

文字处理软件是办公软件中的一种,一般用于文字的格式化和排版。常用的文字处理软件有金山 WPS、Microsoft Word 等。

动手与尝试

1. 启动"WPS 文字"

单击"启动器"按钮,再单击"WPS" ⓦ ,然后单击新建文档,即可以打开"WPS 文字"窗口。

> 试一试
> 你还能用其他方法启动"WPS 文字"吗?

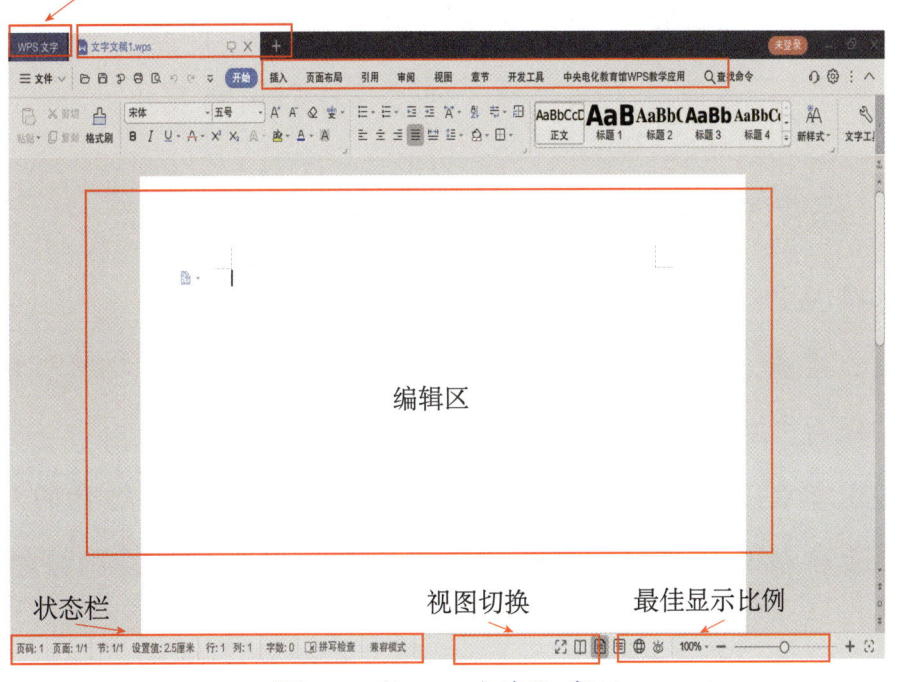

2. 认识"WPS 文字"窗口

"WPS 文字"窗口主要由"WPS 文字"菜单、菜单选项卡、账号登录、编辑区、文档标签、视图切换和状态栏等组成，如图 9-1 所示。

"WPS 文字"菜单：单击"WPS 文字"菜单右侧的下拉按钮，弹出的下拉菜单中主要有"文件""编辑""视图""插入""格式""工具""表格"等命令。

图 9-1 "WPS 文字"窗口

菜单选项卡：每个选项卡代表一个活动区域，单击某一选项卡，就能切换到对应的工具面板，显示其中的命令按钮。

账号登录：登录个人账号后，有会员专享特殊功能。

文档标签：打开的每个文档都以标签的形式排列。

视图切换：默认的是页面视图，可以用来切换全屏显示。

状态栏：显示页面当前的输入法、页面显示比例、当前页码、总页码等信息。

> **想一想** "WPS 文字"窗口和画图软件"KolourPaint"窗口有什么相同点和不同点呢？

> **练一练** 在"WPS 文字"窗口的编辑区，使用键盘输入 26 个英文字母（注意指法应正确）。

3. 保存 WPS 文档

保存 WPS 文档的具体步骤：

（1）单击"文件"菜单中的"保存"命令，在打开的对话框中单击"保存"按钮。

（2）单击"文件"菜单中的"另存为"命令，在打开的对话框中指定文件保存的路径，输入文件名，最后单击"保存"按钮。

> **试一试** 请赶快动手用自己的姓名保存自己的第一份文件，试试看吧！

4. 退出 WPS 文档

（1）单击"文件"菜单中的"退出"命令，即可退出窗口。

（2）单击右上方的"关闭"按钮 ×，即可退出窗口。

拓展与思考

1. 这些特殊符号：@、%、！、？，你都会输入吗？
2. 你会用多种方法打开已保存的文档吗？

第 10 课　学会汉字输入

> 上节课，我们已经学会字母的输入，汉字又是怎样输入的呢？

> 别着急，方法有很多，让我们来看看吧！

动手与尝试

1. 选择拼音输入法

单击"任务栏"上的 EN 图标，选择中文拼音输入法。

2. 输入单个汉字

（1）选定输入法后，就可以输入汉字了。如输入汉字"祖"，我们只需在键盘上输入"zu"，字词就会出现在选择框中，如图 10-1 所示。

```
zu
1.祖 2.组 3.租 4.足 5.族
```

图 10-1　单个汉字输入

（2）按数字键"1"，"祖"字就输入到光标插入点处了。

如果想要输入的汉字不在当前页，我们可以用按钮 < 或按钮 > 进行翻页查找。当然，也可以用 PageUp 键和 PageDown 键进行翻页查找。

> 请尝试用"中文拼音输入法"输入自己的名字。
>
> 汉语拼音"ü"可用"v"代替。当汉语拼音字母"j""q""x"与"ü"相拼时，也可以用"u"来代替"ü"。

3. 输入词语

输入词语时，应依次输入每一个字的汉语拼音，全部输入完毕后，从字词选择框中选择所需的词语，如图 10-2 所示。

（1）输入"祖国"2 个字的拼音"zu guo"，出现字词选择框。

zu guo
1.祖国 2.祖 3.组 4.租 5.足

图 10-2　祖国 2 个字的拼音

（2）按数字键"1"，词语"祖国"就出现在编辑区中了。

> 请输入以下词语，以"核心价值观.wps"为文件名保存在文档中。
>
> 富强　民主　文明　和谐　自由　平等　公正
> 法治　爱国　敬业　诚信　友善　核心价值观

4. 输入标点符号

将输入状态从英文标点符号状态切换到中文标点符号状态后，就可以输入中文标点符号了，如图 10-3 所示。

图 10-3　中文标点符号状态

5. 输入句子

学会了标点符号的输入，就可以开始输入完整的句子啦！标记"↵"表示一个段落的结束。如果不需要显示该标记，我们可以单击"开始"选项卡中的"显示隐藏段落标记"按钮。

> 请输入以下"垃圾分类"的句子并保存。
> 你知道吗？一吨废纸就等于一棵树，如果每一个人都直接浪费一吨纸，那要多少棵树才够我们用？

拓展与思考

当输入词语时，对于比较常用的词语，如"中国"，我们可以只输入每个字的声母"zhg"。

> 在输入过程中，你遇到了什么难题？下次我们再讨论解决的办法。

第 11 课　文字修改、替换

> 同学们，我们在输入汉字时，万一打错字需要修改，那怎么办呢？今天老师教大家几招吧！

动手与尝试

1. 打开 WPS 文档

启动"WPS 文字"，单击"WPS 文字"菜单中的"打开"命令，弹出"打开"对话框，选择"文档"文件夹，选中"光盘行动.wps"，单击"打开"按钮，打开文档，如图 11-1 所示。

图 11-1　打开文档

2. 移动文字的方法

（1）选定文字，如图 11-2 所示。

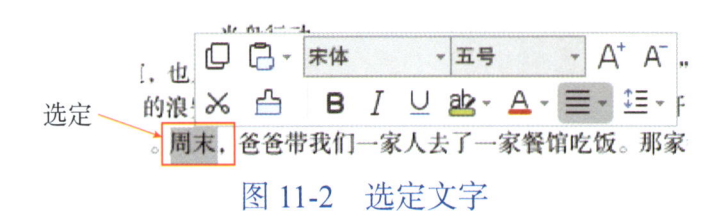

图 11-2　选定文字

（2）拖动文字。按住鼠标左键，拖动选定的文字"周末"到"我们家"之前，完成文字的移动。

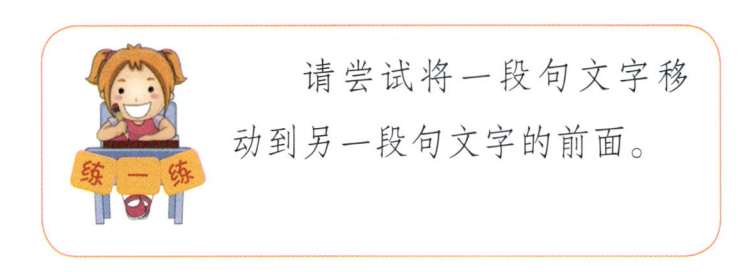

> 请尝试将一段句文字移动到另一段句文字的前面。

3. 复制和粘贴文字的方法

当输入相同词组或句子时，可使用 复制 "复制"和 粘贴 "粘贴"命令提高输入效率，如图 11-3 所示。

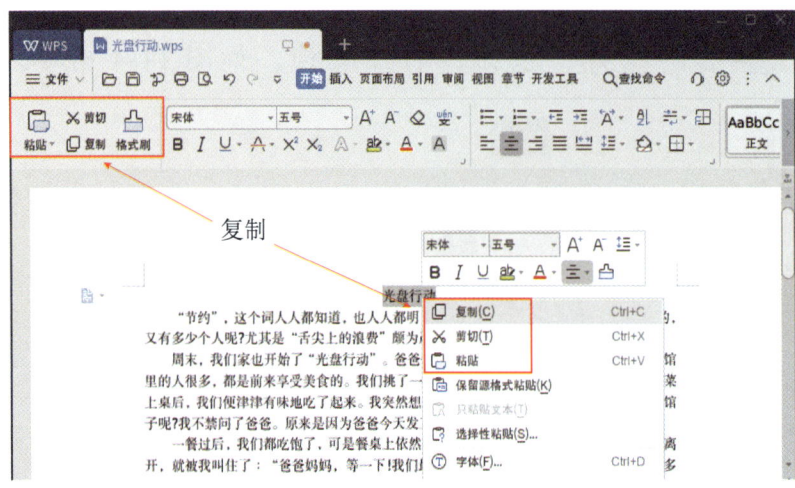

图 11-3　复制文字

> 请尝试练习后，说一说你喜欢用哪一种方法？

4. 查找和替换文字的方法

使用"WPS 文字"编辑文档时，会碰到一些重复的修改操作，这时，我们可以使用 [查找替换] "查找 / 替换"功能，如图 11-4 所示。

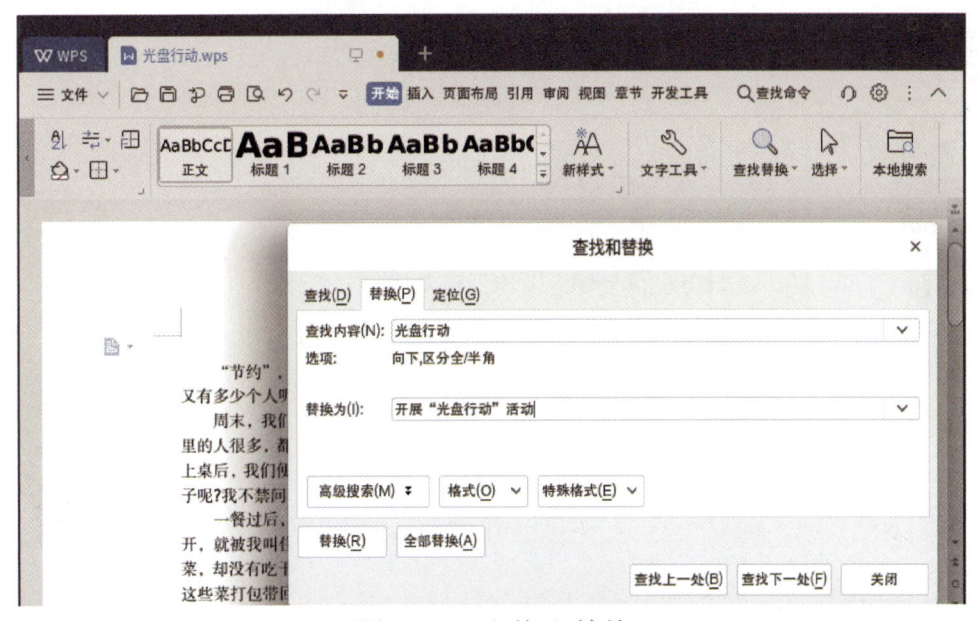

图 11-4　查找和替换

5. 删除文字

可以使用 Backspace 退格键或 Delete 删除键来删除文字。

> **拓展与思考**
>
> 单击图 11-4 中的"替换"按钮和单击图中的"全部替换"按钮有什么不同？

第 12 课　文字和段落设置

我们已经学会了文字的输入和修改，有什么办法让我们的作文变得更加漂亮呢？

假期中，同学们写了很多作文。让我们一起用文字处理软件来修改美化，整理出作文集吧！

动手与尝试

1. 美化文字

方法一：选定标题，单击"开始"选项卡，可以设置"字体""字号""加粗""倾斜""下画线"，如图 12-1 所示。

第三单元　WPS 文字处理　051

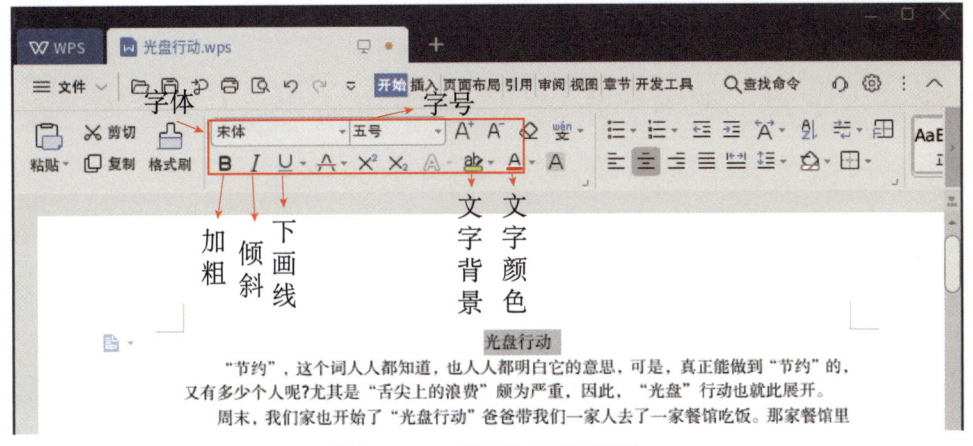

图 12-1　设置字体属性

方法二：选定标题，单击鼠标右键，在弹出的菜单中选择"字体"，在打开的"字体"对话框中进行设置，如图 12-2 所示。

图 12-2　"字体"对话框

请将标题美化成宋体、二号、加粗、背景颜色黄色、文字颜色蓝色的效果。

2. 美化段落

选定全文后，单击"开始"选项卡中的"行和段落间"按钮，在弹出的下拉菜单中单击"1.5"，如图 12-3 所示。

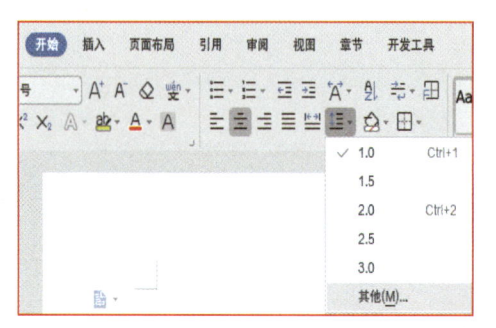

图 12-3　美化段落

> 1．请说一说，除了刚才的方法，你还能发现什么方法也可以对段落进行美化？
>
> 2．请给"光盘行动.wps"美化段落，行距 2.0，文字左对齐。

3. 页面布局

（1）单击"页面布局"选项卡中的"纸张方向"下拉按钮，选择"横向"命令，如图 12-4 所示。

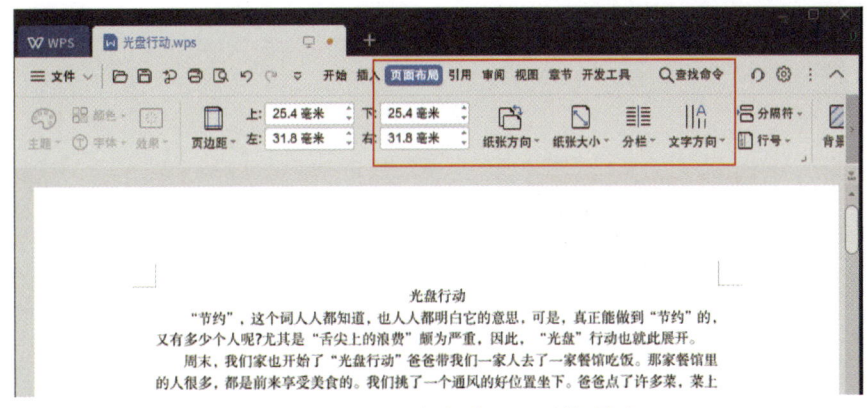

图 12-4 "纸张方向"下拉按钮

（2）选中需要分栏的内容，在"页面布局"选项卡中单击"分栏"的下拉按钮，选择"两栏"命令。

> 刚才介绍了将段落分成两栏的方法，那如果想要分成三栏或是更多的栏怎么办呢？请给"光盘行动.wps"美化段落，分成四栏。

拓展与思考

请找一篇文章，进行文字、段落、布局的美化！

第 13 课　图文并茂美化文档

我的作文只有文字，太单调了，该怎么办呢？

别急，添加图片和艺术字，就会使作文变得很出色。

在文章中插入合适的图片、艺术字和形状，就能起到美化文章、突出主题的作用。

动手与尝试

1. 插入图片

（1）打开文件"光盘行动.wps"文档。

（2）单击"插入"选项卡中的"图片"按钮，在弹出的下拉菜单中选择"来自文件"命令，如图 13-1 所示。

图 13-1 选择图片

（3）在打开的对话框中选择图片插入后，选中图片，单击"图片工具"选项卡，在"文字环绕"方式中设置"嵌入型"等环绕方式，如图 13-2 所示。

图 13-2 环绕方式

（4）选中图片，单击"图片工具"选项卡中的"裁剪"按钮，调整图片边界控制点，删除不需要的部分。

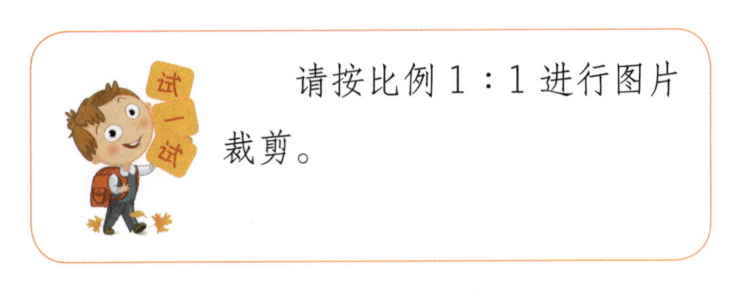

请按比例 1∶1 进行图片裁剪。

2. 插入艺术字

（1）单击"插入"选项卡中的"艺术字"按钮 。

（2）对插入的艺术字进行格式设置（艺术字库、字符间距、对齐、填充、轮廓、大小、环绕等），如图 13-3 所示。

图 13-3　艺术字设置

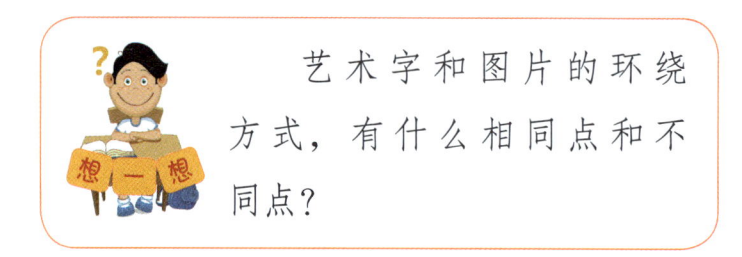

> 艺术字和图片的环绕方式，有什么相同点和不同点？

3. 插入形状

（1）单击"插入"选项卡下的"形状"按钮 ，在弹出的下拉菜单中选择"星与旗帜"中的"十字星形"，如图 13-4 所示。

图 13-4　形状

（2）对插入的形状进行设置，让它变得越来越漂亮。

下面的形状效果，你能插入并设置出来吗？

拓展与思考

1. 根据今天所学，你能描述一下具体的操作吗？

2. 为自己的作文添加合适的图片和艺术字标题，使其图文并茂。

第 14 课　在文档中设计表格

老师,我们写了那么多作文,怎样才能一眼看出来同学们分别写了什么题目的作文?

可以借助 WPS 的表格,轻松搞定!

在人们的学习工作中经常会用到表格,表格可以将复杂的数据以行或列的形式展现出来,使数据更加直观,更加清晰。下面我们来学习如何在 WPS 文档中制作表格。

动手与尝试

1. 插入表格

打开"作文集.wps"文档,插入表格的具体步骤如下:

(1)将光标定位在要插入表格的位置,单击"插入"选项卡中的"表格"按钮,在弹出的下拉菜单中选择"插入表格"命令,如图 14-1 所示。

图 14-1　插入表格

（2）在弹出的"插入表格"对话框中，输入需要的表格的列数和行数，如图 14-2 所示，也可根据需要进行"列宽选择"的设置，最后单击"确定"按钮便可插入表格。

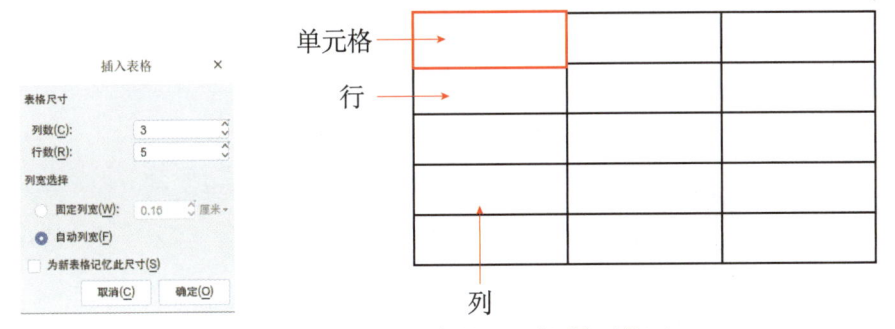

图 14-2　"插入表格"对话框设置

在"表格"按钮下的下拉菜单中还有其他方法可以插入表格，你能利用鼠标在下拉菜单中直接拉出一个 5 行 3 列的表格吗？

2. 合并单元格

根据需要选择要合并的单元格，单击"表格工具"选项卡中的"合并单元格"按钮，如图 14-3 所示。

图 14-3　合并单元格步骤

把写了多篇作文的同一位同学的作文集放在一起，并把包含相同姓名的单元格进行合并。

3. 在单元格中输入内容

将光标停在需要输入内容的单元格中，再使用键盘输入相应的内容。

请尝试用小组成员的学号、姓名和作文题目做一个"小组成员作文集"的表格。

拓展与思考

1. 你还知道插入表格的其他方法吗？
2. 请利用插入表格功能制作一个小组成员信息表。

第 15 课　美化表格

> 我们的表格都一样，可以让表格变得有特色或者美观一些吗？

> 想法不错！通过表格设置可以帮助我们美化表格。

好看的表格看起来更清晰，一目了然，可以节省很多时间。下面我们来学习如何在 WPS 文档中设置表格，让表格更美观。

动手与尝试

1. 调整文字位置

打开"作文集.wps"文档，先选定整个表格，再单击"表格工具"选项卡"对齐方式"下拉菜单中的"水平居中"命令，如图 15-1 所示。

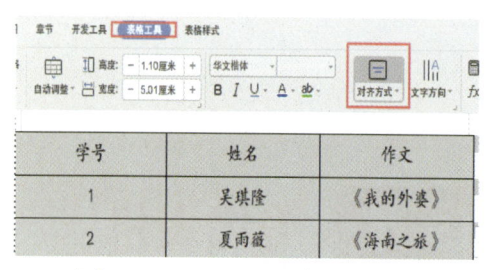

图 15-1　调整行高和列宽

"对齐方式"下拉菜单中还有其他对齐方式，你能理解各种对齐方式的不同吗？

2. 调整行高和列宽

可以通过鼠标拖曳来调整行高和列宽。将鼠标指针指向表格行线，当鼠标指针会变成"╪"时，拖动行线到合适的位置，如图 15-2 中的左图所示。

用同样的方法可以调整列宽。

还可以通过单击"表格工具"选项卡"表格"下拉列表中的"表格属性"命令，在打开的"表格属性"对话框中进行行高和列宽的调整，如图 15-2 中的右图所示。

图 15-2　调整行高和列宽

根据个人爱好，可以设置不同的行高和列宽。

3. 插入行或列

将光标定位在需要插入的行，如第 5 行，然后单击"表格工具"选项卡中的"在下方插入行"按钮可以在第 5 行的下方插入一行。同样，可以进行"插入列"的操作。

尝试在"作文"列右侧插入一列"字数"！

学号	姓名	作文	字数
1	吴琪隆	《我的外婆》	
2	夏雨薇	《海南之旅》	
3	赵莎莎	《一件难忘的小事》	
4	刘丽	《我家的小旺财》	

4. 设置表格样式

设置表格样式的具体步骤如下：

（1）选定整个表格。可以单击表格左上角的 选定整个表格。

（2）选择表格样式。进入"表格样式"选项卡，选择所需的样式，如图 15-3 所示。

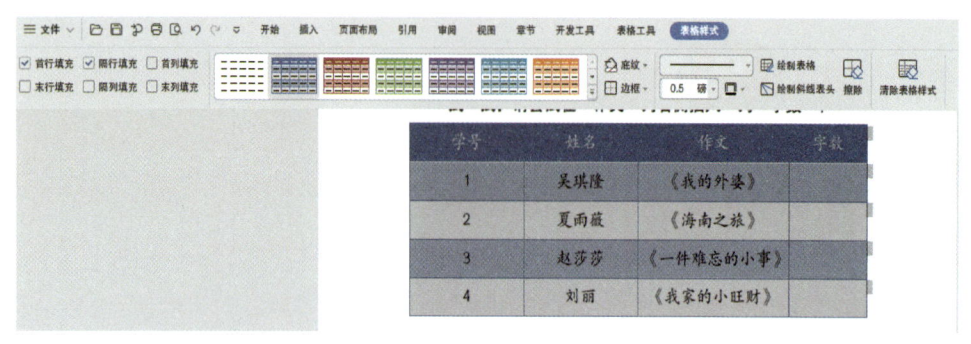

图 15-3　设置表格样式

拓展与思考

"表格样式"选项卡中还有很多神奇的按钮，根据个人爱好使用它们来美化你上节课制作的小组成员信息表吧！

第四单元　信息与网络

当今社会，信息无处不在，正在改变着我们的社会，影响着我们的生活。借助计算机等工具，我们对信息进行传递、分享、加工、创新等，让信息为我们所用。我们要努力提高信息获取、加工、使用、分享能力。

我们可以通过网络下载学习资料，获取所有有用的信息，从某种意义上讲我们越来越离不开网络了，同时，要注意合理使用网络资源，文明上网。

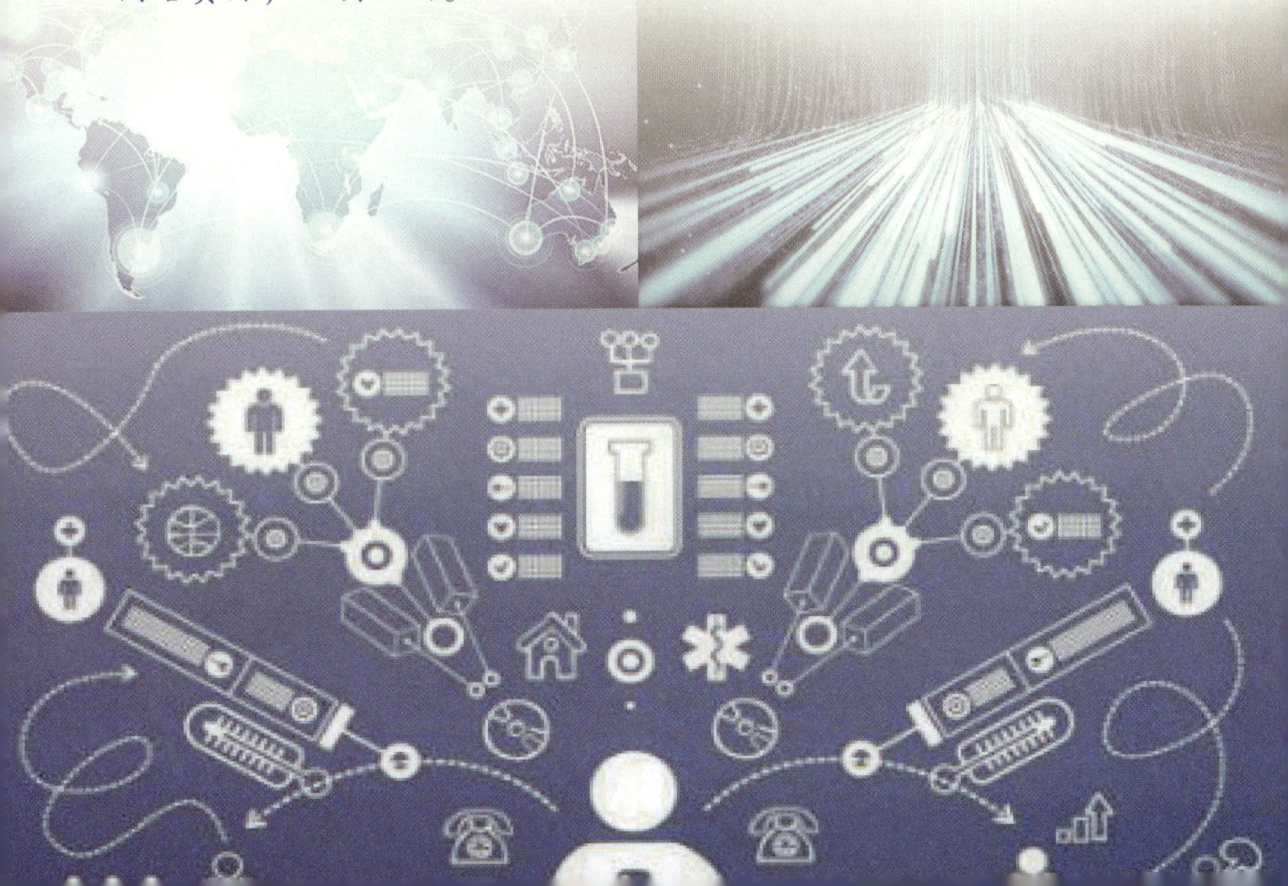

第 16 课　走进数字化生活

在信息社会里,"数字化"已得到普及,我们过着丰富的数字化生活。

什么是数字化生活呢?

动手与尝试

1. 我们的生活

当今社会与古代社会、近代社会的生活有巨大的不同。

你从中发现了什么?

2. 广泛的数字技术

数字技术被广泛应用于广播、电视、通信、医疗、文化娱乐、航天事业、家庭生活及教育等方面，如图16-1所示。

工业机器人操作系统

平板操作系统

数字摄像头配置软件

手机操作系统

之江汇学习平台

识字App

图 16-1　数字技术的应用

3. 信息社会规则

在信息社会中，不断发展的数字技术给人类社会带来了巨大改变，使人类的沟通更方便、快捷和多元。我们不但要遵守信息社会的法律法则，也要遵守信息社会的新的道德规则，形成正确的信息意识——注重信息安全、分辨信息真伪、维护自身信息权益的同时，不散布反动言论、不发布虚假信息、不转发流言蜚语，共同遵守信息社会的交往礼仪，争做信息社会的数字好公民。

拓展与思考

1. 你知道世界电信日是哪一天吗？
2. 想一想数字技术对你的生活、学习有什么影响？

第 17 课　初识网络世界

> 我们都知道上网，可是什么是网络世界呢？

动手与尝试

1. 生活中的网络

生活中处处都有网络，如电网、铁路网、邮政网、电话网、航线网、水网……如图 17-1 所示。

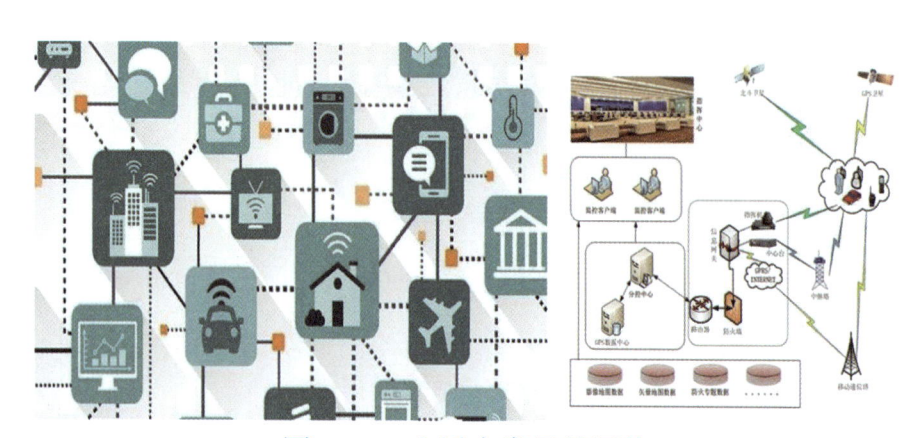

图 17-1　生活中常见的网络

你知道生活中还有哪些网络吗？

2. 计算机网络

计算机网络就是把许许多多计算机连接成一个功能强大的集合，从而方便地传递信息，共享软件、数据资源等。

计算机网络拉近了人们之间的距离，我们可以使用网络视频、电话、邮件等方式来联系，如图 17-2 所示。

图 17-2　计算机网络

在生活中，计算机网络能帮助你做哪些事？

3. 接入网络

要想探索缤纷多彩的网络世界，首先要将计算机接入网络。接入网络的方式可分为有线接入和无线接入两种，如图 17-3 所示。

图 17-3　网络接入方式

接入网络时一般要输入用户名和密码。

4. 网上信息

计算机网络上有各种各样的信息资源，它们以文字、图片、声音、视频等不同形式表现出来，如图 17-4 所示。例如，我们使用聊天工具和朋友在线交流时，就接收到了视频信息。

图 17-4　不同形式的网上信息

1. 你还知道哪些上网工具？
2. 这些上网工具分别是用来做什么的？

拓展与思考

通过今天的学习，你明白了网络世界，那以后在学习中如何运用好网络呢？

第 18 课　使用浏览器

浏览器有许多功能，掌握它们，就能方便地上网冲浪了。

快带我去冲浪吧！

浏览器是上网工具中最常用的应用程序之一。浏览器有很多种，如常见的 UOS 浏览器、360 浏览器、火狐浏览器……今天，我们来学习如何使用 UOS 浏览器。

动手与尝试

1. 启动 UOS 浏览器

在计算机桌面上的任务栏里，找到浏览器图标 ，并尝试打开它。

> 尝试用不同的方法启动 UOS 浏览器。

2. 用浏览器访问网站

进入中国政府网：在浏览器地址栏中（见图18-1）输入"www.gov.cn"后敲回车键，可以直接访问该网站。

利用新增选项卡，可以在同一个浏览器窗口中打开多个网页。利用选项卡可以方便地切换已经打开的网页。

图 18-1　UOS 浏览器首页

> **说一说**　浏览器窗口与画图、WPS 文字的窗口有什么不同？

3. 可存网址的收藏夹

浏览器的收藏夹，可以将当前正在浏览的网站地址收藏起来，方便以后浏览。

下面我们来收藏"教育部全国青少年普法网"的网址。

首先打开 UOS 浏览器，在地址栏中输入对应的网站地址"qspfw.moe.gov.cn"，按回车键进入该网站。

接着单击浏览器右上角"为此页添加收藏"按钮，在弹出的"添加收藏"对话框中单击"添加"按钮，就可以成功添加收藏，如图 18-2 所示。

图 18-2　添加收藏

4. 认识网址

登录网站时，我们需要在浏览器的地址栏中输入网址。网址由使用协议和域名组成，具体含义如下：

使用协议　　域名
http://　qspfw.moe.gov.cn

拓展与思考

1. 不同的国家和地区有不同的域名代码，你知道哪些国家的域名代码？

2. 你感兴趣的网站有哪些？请把网址添加收藏下来。

第 19 课　分类查找

网上资料实在太丰富了，我们怎样才能找到想要的资料呢？

网上资料非常丰富，我们可以分类查找。

动手与尝试

1. 网站上的分类目录

大型网站都有各种不同的分类目录，方便大家查找资料。

2. 搜索信息

搜索引擎是上网查资料常用的工具，在浏览器地址栏中输入百度网址（http://www.baidu.com），打开百度搜索引擎，如图 19-1 所示。在搜索框里输入"青少年普法"后单击"百度一下"。网页会将结果显示出来，依次单击不同的分类目录，如网页、资讯、图片等，如图 19-2 所示。

图 19-1　不同的分类目录

图 19-2　搜索信息

（1）上面几张图有什么不同？
（2）你还知道哪些搜索引擎？

3. 资源下载

搜索引擎除了查找资料，还可以下载或保存所需的信息。例如，打开"教育部全国青少年普法网"，单击"学生乐园"，将文字、图片等资料保存下来。

（1）保存文本

首先在法律小常识栏目里，找到"法律思想术语：德"这篇文章，框选网页中的文字，单击跳出的"复制"，如图 19-3 所示。

图 19-3　复制文字

接着打开"WPS"软件，新建"空白文档"，单击"粘贴"按钮并在文末及时注明资料来源。

最后单击"保存"按钮，在打开的对话框中给文件取名"德"，单击"保存"按钮。

（2）保存图片

在"看图学法"栏目里，找到"神奇的魔法糖果"，在图片上右击，在弹出的菜单中选择"图片另存为"命令，在打开的对话框中给文件取名"糖果1"，单击"保存"按钮。

> 拓展与思考

1. 你还有哪些保存文本、图片的方法？
2. 你能在计算机中找到刚才保存下来的资料吗？

第 20 课　文件管理

我们下载的这么多资料，都存在哪里了呢？

我们可以按类别整理得到的资料，并放到指定的文件夹里。

1. 查找文件和文件夹

我们可以在计算机中查找文件或文件夹，操作如图 20-1 所示。

1．打开"计算机"

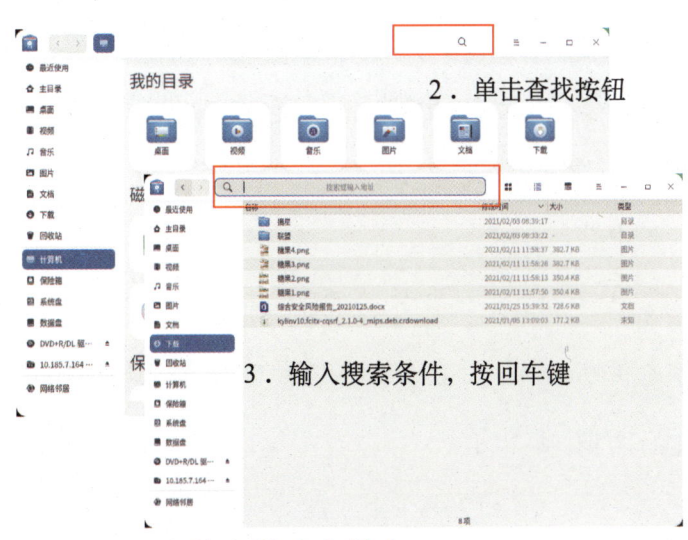

2．单击查找按钮

3．输入搜索条件，按回车键

图 20-1　查找文件或文件夹

> 单击文件管理器左侧的"下载"选项,看看界面发生了什么变化?

2. 新建文件夹

在文件管理器中选择新建文件夹的位置,如在"图片"资源下新建一个文件,单击左侧文件管理器"图片"选项,在右侧空白处右击,在弹出的菜单中选择"新建文件夹"命令,输入文件夹名称(如:法律小常识)。

> 采用类似的方法,右击文件,可以对现有文件进行重命名。动手试试吧!

3. 移动文件

想要移动图片,可以在图片上右击,在弹出的菜单中选择"复制"命令,然后打开刚才新建的文件夹"法律小常识",在空白处右击,在弹出的菜单中选择"粘贴"命令,即可将图片移动到目标文件夹中。

移动文件后,还可以删除原来的多余文件,方法为:选中要删除的文件,右击,在弹出的菜单中选择"删除"命令,文件就被转移到"回收站"了。

利用"剪切"和"复制"命令，也可以移动文件。"剪切"和"复制"命令有什么不同？

拓展与思考

1. 你能用拖曳的方式移动文件或文件夹吗？
2. 还有什么方法可以删除文件或文件夹？

第 21 课　电子邮箱的使用

怎样才能把我的资料分享给朋友？

分享信息有多种不同的方式，发电子邮件就是其中的一种。

1. 各种各样的交流方式

随着科技的发展，信息技术改变了人们的交流方式，如图 21-1 所示。

图 21-1　人们的交流方式

通过电子邮箱，我们可以发送邮件，传递文件、图像和语音等，足不出户，快速高效传递到世界任何一个角落。

2. 网络中的交流

电子邮件离不开计算机网络，计算机网络为我们提供了各种交流方式，是我们获取信息、交流思想的重要工具，如图21-2所示。

图 21-2　网络中的交流

3. 发送电子邮件

（1）申请邮箱账号

使用电子邮箱前，需要有一个自己的邮箱账号。

你能在搜索引擎的帮助下申请邮箱账号吗？

可以请爸爸或妈妈使用手机验证，完成邮箱注册。要牢记自己的电子邮箱账号（如 mail @ 163.com）和密码，确保成功登录电子邮箱。

快和同学交换邮箱账号吧！

邮箱账号格式：A2021xingxing @ 163.com
　　　　　　　　　　用户名　　邮件服务域名

（2）阅读邮件

在浏览器地址栏中输入邮箱网站域名，打开电子邮局，填写账号、密码，单击"登录"按钮即可进入电子邮箱，如图21-3所示。

图 21-3 电子邮箱首页

你的邮箱里已经有一封邮件了，快打开看看吧。

（3）发送电子邮件

单击"写信"按钮，进入写信页面。填写收件人的邮箱账号、邮件主题、邮件内容，需要时单击"添加附件"按钮将文件一起发给对方。

单击"回复"按钮，进入邮件回复页面，编辑回复的内容，根据需要添加自己的附件，单击"发送"按钮，就完成了邮件的回复操作。

> 给老师发送电子邮件，并添加自己喜爱的图片作为附件，尝试下载电子邮件中的附件。

拓展与思考

1. 怎样同时给多个邮箱账号发送邮件？

2. 你会整理电子邮箱吗？知道怎样删除过期无用的邮件和来历不明的邮件吗？

第 22 课　之江汇学习平台

网络学习平台是一个可以让我们学习知识、上传作品及互相交流问题与想法的学习网站。

那么什么是学习平台呢？

网上有很多学习平台，如中国教育在线、浙江省中小学信息技术学科学习平台，之江汇学习平台就是其中之一。

动手与尝试

1. 打开网址，登录账号和密码

打开浏览器，在地址栏中输入之江汇学习平台的网址（yun.zjer.cn），如图 22-1 所示，并输入自己的账号和密码（初始账号为身份证号，密码为身份证号后 6 位，第一次使用可以咨询自己的老师），如图 22-2 所示。

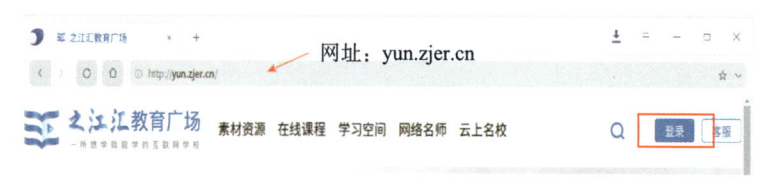

图 22-1　登录网址

> 请用自己的账号和密码登录。

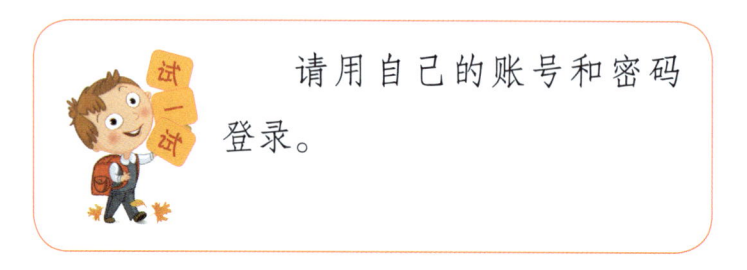

图 22-2　登录窗口

2. 学习知识

（1）单击"在线课程"，找到"同步课程"，选择"学年""学段""学科"，找到相应的课程，如图 22-3 所示。

图 22-3　在线课程

（2）单击对应的课程，就可以学习课程了，与我们同步的课程网站上面可都是有的哟！

> 请报一门自己喜欢的课程，进行学习。

3. 发布学习成果

（1）请先单击自己的姓名，来到个人主页，再单击"学习成果"，在打开的页面中可以写文章。

（2）输入文章标题，再撰写作文，还可以插入图片和视频，完成后，单击"发表"按钮，就可以发布学习成果了，如图22-4所示。

图 22-4　发布学习成果

> 请发表一篇作文给同学分享，也可以找找同学的作文，进行学习。

4. 上传照片

（1）请先单击自己的姓名，来到个人主页，再单击"相册"，如图 22-5 所示，新建相册。

图 22-5　相册

（2）单击"上传照片"，再单击"添加照片"按钮，如图 22-6 所示，指定需要上传的照片，并单击"开始上传"就可以上传自己的照片并保存到网络上了。

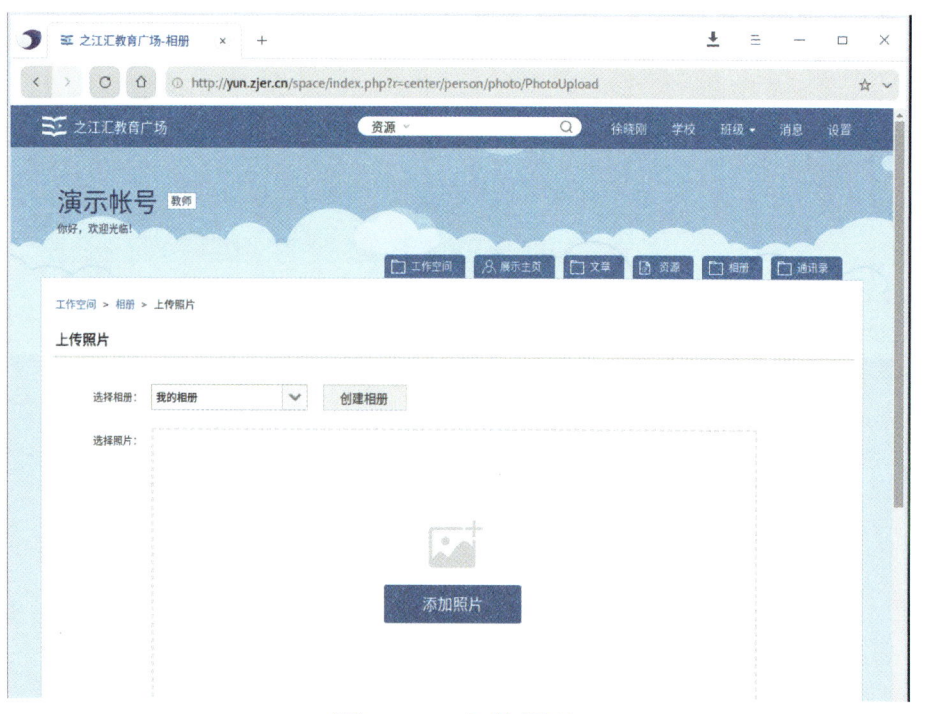

图 22-6　上传照片

（3）上传完成后，在一张图片上右击，可以设定相册的封面照片。

拓展与思考

1. 请想想如何访问同学或班级的空间？

2. 如果你在学习过程中有不明白的地方，如何到之江汇平台上观看老师教学的视频得到解决？

第五单元　WPS演示文稿

"WPS演示"软件是金山软件公司设计的演示文稿软件。借助"WPS演示"软件，可以用多彩的文字、精美的照片、动听的音乐、变幻的动画制作出一份数字文稿，形象、直观地展示内容。

2022

我游玩过的地方

第 23 课　初识"WPS演示"

> 我可以用"WPS演示"制作生日贺卡。

利用"WPS演示"可以制作出图文并茂的幻灯片作品，我们还可以为作品添加音乐、设置动画等，让作品更加漂亮！

动手与尝试

1. 启动"WPS演示"

单击"启动器"按钮，再单击"WPS演示" ，然后单击新建文档，即可以打开"WPS演示"窗口。

> 你还能用其他方法启动"WPS演示"吗？

2. 认识"WPS 演示"窗口

"WPS 演示"窗口主要由标题栏、快速访问工具栏、设计功能区、缩略图窗格、编辑区、状态栏、视图控制区组成,如图 23-1 所示。

图 23-1 "WPS 演示"窗口

> 在"文件"选项卡中选择"本机上的模板",再单击"全部模板",想一想每种样式各适用什么主题?

3. 输入文字

(1)用文本框输入文字

在"插入"选项卡中单击"文本框"按钮,在下拉菜单中选择"横向文本框"命令,如图 23-2 所示,在幻灯片的合适位置按住鼠标左键不放拖动鼠标，拉出一个横向文本输入框，在文本框中输入需要的文字。和"WPS文字"一样，选中文本框中的文字后，可以利用"开始"选项卡中的格式工具对文字进行修饰。

（2）插入艺术字

在"插入"选项卡中单击"艺术字"按钮，在打开的"预设样式"中选择一种艺术字样式，如图23-3所示。在弹出的对话框中输入文字，并设置字体和字号，最后单击"确定"按钮，漂亮的艺术字就插入到幻灯片中了。

图 23-2　"横向文本框"命令

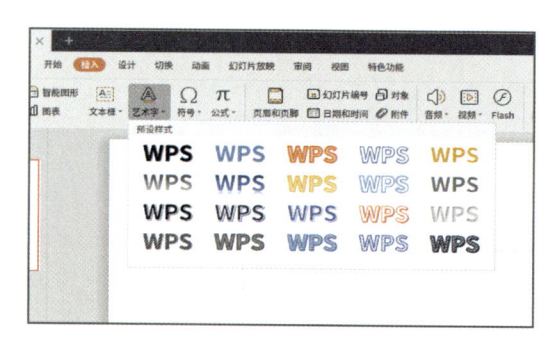

图 23-3　艺术字样式

在"艺术字库"中选择自己喜欢的艺术字样式，然后输入一句生日祝福语。

4. 幻灯片放映

在幻灯片制作过程中，随时可以单击"幻灯片放映"选项卡中的"从头开始"按钮，如图23-4所示，预览作品的放映效果。在放映过程中在幻灯片上右击，在弹出的菜单中选择"结束放映"命令，可以返回制作界面继续编辑了。

图23-4 "从头开始"按钮

你会放映幻灯片吗？

5. 保存幻灯片

单击快速访问工具栏中的"保存"按钮，在弹出的对话框中，输入"生日贺卡"作为文件名，保存这张幻灯片。

拓展与思考

1. 生日贺卡的格式是怎么样的？你可以补充贺卡内容吗？

2. 幻灯片文稿能够以不同的文件格式进行保存，默认文件类型为".dps"。

第 24 课　丰富幻灯片内容

> 在生日贺卡中插入图片，可以使贺卡更漂亮！

动手与尝试

1. 打开"生日贺卡"幻灯片

启动"WPS 演示"后单击"文件"选项卡，依次选择"文件""打开"命令，如图 24-1 所示，在弹出的"打开"对话框中选择上节课保存的"生日贺卡"文件，单击"打开"按钮，就可以进行编辑了。

图 24-1　打开文件

> （1）在计算机中找到上次保存的"WPS 演示"文件后，双击打开。
>
> （2）启动"WPS 演示"后，在快速访问工具栏中单击" 📁 "图标，将弹出"打开"对话框。

2. 插入图片

在幻灯片缩略图窗格中选中幻灯片，再单击"插入"选项卡中的"图片"按钮，在下拉菜单中选择"来自文件"命令，如图 24-2 所示，选择保存在计算机中的"生日蛋糕"图片文件，单击"打开"按钮，选中的图片就被插入当前幻灯片中了，然后根据需要调整图片的大小及位置。

图 24-2 "来自文件"命令

> 插入的图片如果带有背景，试一试利用"图片工具"选项卡中的"图片"工具"设置透明色"将其背景取消。

3. 规划演示文稿

演示文稿是由一张张幻灯片组成的，一般由封面页、目录页、正文页、结束页等组成。我们可以为制作好的生日贺卡幻灯片添加封面页。

4. 插入新幻灯片

单击"开始"选项卡中的"新建幻灯片"按钮，在下拉菜单中选择"新建幻灯片"命令，如图 24-3 所示，在生日贺卡后面再插入一张新的幻灯片，并在任务窗格的版式中选择"空白幻灯片"版式。

如果新建的幻灯片与原来的幻灯片版式相同，只是内容有些不同，可以使用"新建幻灯片副本"命令，如图 24-4 所示。在幻灯片缩略图窗格中，选中原幻灯片，右击，在弹出的菜单中选择"新建幻灯片副本"命令，或者选择"复制"命令再选择"粘贴"命令。

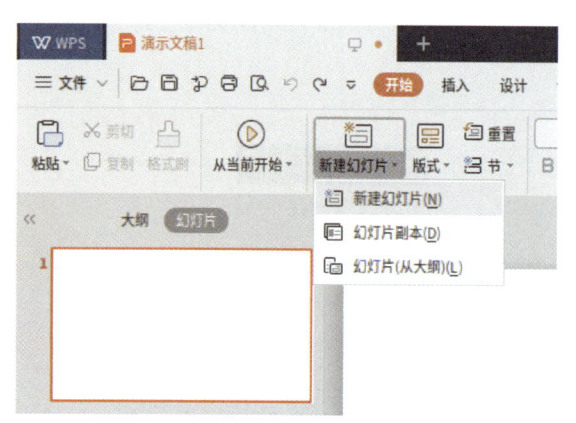

图 24-3　新建幻灯片　　　　图 24-4　新建幻灯片副本

> 在幻灯片缩略图窗格中右击，寻找插入新幻灯片的快捷方式，尝试利用此方法实现新幻灯片的插入。

拓展与思考

如果想将幻灯片的先后顺序进行调整，该如何操作？

第 25 课　设置背景

> 我想给生日贺卡添加漂亮的背景图案。

动手与尝试

1. 设置幻灯片背景

打开"生日贺卡"幻灯片。单击"设计"选项卡中的"背景"按钮，在下拉菜单中选择"设置背景格式"命令，可选择使用纯色填充、渐变填充、图片或纹理填充等作为幻灯片的背景。

选择"图片或纹理填充"，在"图片填充"下拉菜单中选择"本地文件"命令，选择本地计算机中的一张图片作为背景图片，单击"打开"按钮，如图 25-1 所示，将背景效果应用于当前幻灯片。

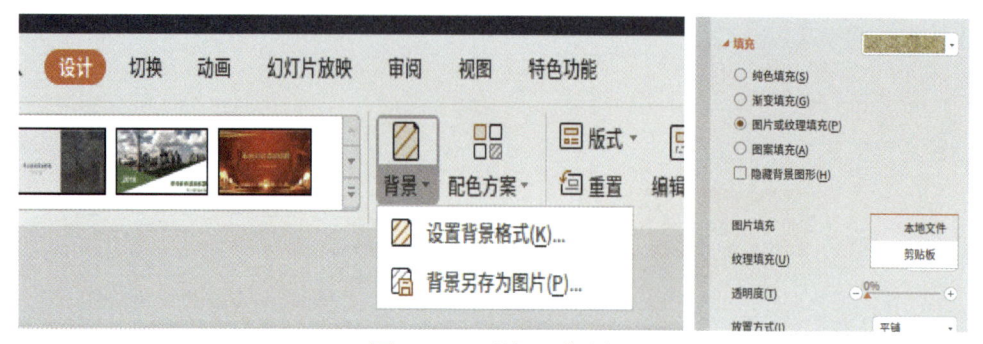

图 25-1　设置背景

> 在"填充效果"对话框中,选择各种填充效果,观察背景效果的异同。

2. 应用幻灯片模板

在"设计"选项卡中,可以看到"WPS 演示"自带的幻灯片设计模板,选择其中的任何一种,即可将看到的模板效果应用到幻灯片中,使幻灯片具有需要的背景,如图 25-2 所示。

图 25-2　应用幻灯片模板

3. 制作个性化的艺术字

用"文本填充"工具能创造出与众不同的艺术字。

(1)准备好一张图片。

(2)输入一段文字,设好字体、字号,然后选中这段文字。

（3）依次单击"文本工具"→"文本填充"→"图片或纹理"→"本地图片"，找到准备好的文件并确定，如图25-3所示，即可得到精彩的文字效果。

图25-3　文本填充

1．选择一种设计模板，应用于制作的生日贺卡幻灯片中。

2．使用"文本填充"工具填充文字。

拓展与思考

是不是可以用插入图片的方法，为幻灯片设置需要的背景？它与设置背景的方法有何区别？

第 26 课　设置切换和动画效果

> 你送给我的电子生日贺卡真漂亮！谢谢你！

> 这可不是一张普通的贺卡，瞧，它还能动起来呢！

"WPS 演示"除了可以给幻灯片中的任意对象设置动画效果，还可以给幻灯片设置切换方式。

动手与尝试

1. 添加动画效果

选定文本框对象，在右侧任务窗格中选择"自定义动画"，单击"添加效果"按钮，选择"进入"中的"飞入"效果，如图 26-1 所示。

图 26-1　添加动画效果

> 试试各种动画效果，并给贺卡中的其他对象添加自己喜欢的动画效果。

2. 调整动画顺序

根据演示的需要，可以对文本、图片等对象的动画顺序进行调整。

在"动画"选项卡中单击"自定义动画"按钮，在右侧任务窗格中单击"选择窗格"，可以选择对象，通过单击"叠放次序"按钮调整动画的顺序，如图 26-2 所示。

图 26-2　调整动画顺序

3. 设置幻灯片切换方式

选中一张幻灯片，右击，在弹出的菜单中选择"幻灯片切换"命令，在右侧任务窗格中选择合适的切换效果，如图 26-3 所示，然后单击"播放"或"幻灯片播放"按钮，可以预览设置的效果。

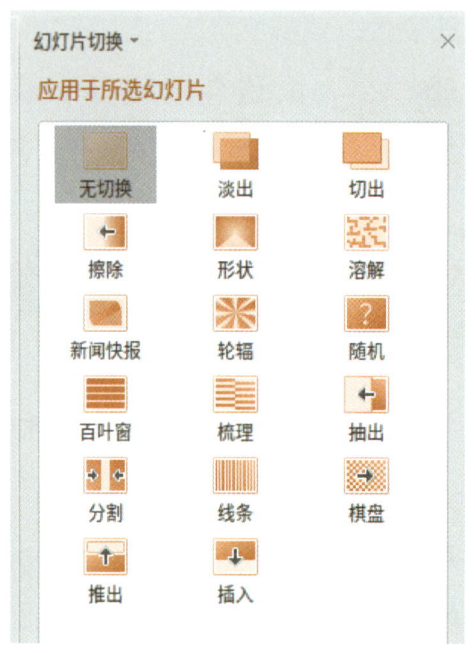

图 26-3　切换效果

> 为"生日贺卡"幻灯片中的各个幻灯片设置自己喜欢的切换效果。
>
> 如果将"生日贺卡"幻灯片中的各个幻灯片设置成同一种切换方式，有没有更简便快捷的方法？

在设置幻灯片切换效果时，我们还可以根据需要修改切换的速度、声音和换片的方式等效果。

> 将"贺卡"中各个幻灯片的切换效果设置成快速"溶解"方式,并设置换片方式为时间控制,自动每隔3秒进行切换。

拓展与思考

幻灯片的切换效果与幻灯片的动画效果有什么不同?

第六单元　玩转图形化编程

在当今社会，越来越多的人看重少儿编程学习。通过编程游戏启蒙、可视化图形编程等课程，培养学生的计算思维和创新能力，中小学编程教育已然成为全球共识。

而作为少儿编程的领头羊的图形化编程软件，通过拖曳积木完成编程，可以让我们在趣味剧情和创作项目中获得学习的乐趣。

如何学好并使用图形化编程软件进行编程呢？本单元我们从认识图形化编程出发，边玩边学，在制作大鱼吃小鱼游戏的过程中逐一了解它的各项功能模块并融会贯通，直至能成功完成编程项目的创作。

第 27 课　初识图形化编程

图形化编程是什么？

图形化编程是一种简单的拖曳式编程方式，可以让我们轻松地创建自己的互动故事、动画和游戏。

动手与尝试

1. 启动图形化编程 LoongBlock

单击"启动器"按钮，在已安装软件目录中找到"LoongBlock 青少年编程"单击打开，或在搜索框中搜索"LoongBlock 青少年编程"，如图 27-1 所示。

图 27-1 启动 LoongBlock

2. LoongBlock 窗口

LoongBlock 窗口主要由菜单栏、控件区、脚本区、舞台区、角色区等组成，如图 27-2 所示。

图 27-2 LoongBlock 窗口

赶快动手从控件区中拖曳几个控件到脚本区吧！

3. LoongBlock 初体验

初步认识 LoongBlock 后，我们一起来体验一下，让小龙和我们打个招呼！

单击控件区中的 事件，选择 当绿旗被点击 并将它拖动到脚本区。

单击控件区中的 外观，选择外观部件组中的 说你好！，将它拖动到脚本区，并与 当绿旗被点击 组合成脚本块。

单击"绿旗"按钮，启动脚本，运行程序，如图 27-3 所示。

"绿旗"按钮　　　　程序脚本

图 27-3　启动脚本程序

修改本节课编写的程序，使小龙说的话变成"Hello!"。

4. 保存 LoongBlock 文件

小小的尝试之后，赶紧把我们的第一个作品保存起来，单击"文件"菜单，在下拉菜单中选择"保存到电脑"命令，如图 27-4 所示。

图 27-4　保存文件

保存好文件后，我们就可以在作品名称栏里看到作品的文件名，如图 27-5 所示。

图 27-5　作品名称栏

5. 打开 LoongBlock 作品

我们还可以打开已保存的文件，单击"文件"菜单，在下拉菜单中选择"从电脑中上传"命令，如图 27-6 所示，然后在打开的对话框中打开相关文件。

图 27-6　打开文件

6. 退出 LoongBlock

单击 LoongBlock 窗口右上角的"关闭"按钮 ✕ ，就可以安全地退出 LoongBlock 青少年编程软件了。

拓展与思考

请尝试共享一下你的作品吧！

第 28 课　生动的海底世界

同学们，你们见过海底世界吗？海洋里都有些什么呢？它们会做些什么？你能利用 LoongBlock 来制作一个会动的海底世界吗？跟随老师一起来看一看吧！

动手与尝试

1. LoongBlock 中的角色

LoongBlock 程序由一些"角色"组成，如图 28-1 所示。关于角色，让我们从以下几点开始了解。

图 28-1　LoongBlock 中的角色

新增角色，如图28-2所示，有4种方法：①本地上传角色；②随机导入角色；③绘制角色；④从角色库中选择角色。

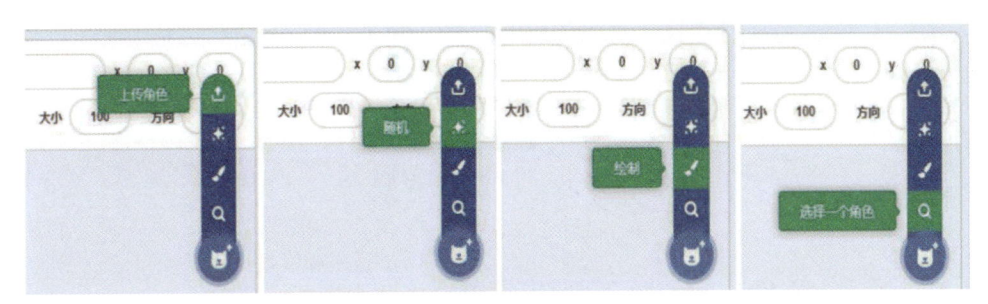

图28-2　新增角色的方式

2. 从文件夹中选择新角色

启动 LoongBlock 编程软件，单击角色右上角的 ，如图28-3所示，删除默认角色。

如图28-4所示，选取适合海底的新角色。

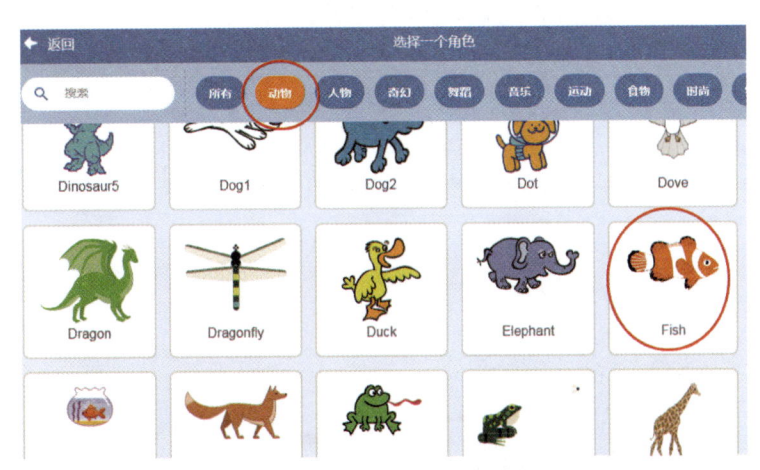

图28-3　删除角色

图28-4　选择新角色

3. 选择背景

单击"选择一个背景"，如图28-5所示，选择合适海底的背景"underwater1"。

图 28-5　选择背景

4. 移动角色

如图 28-6 所示，使用移动指令，设置步数。

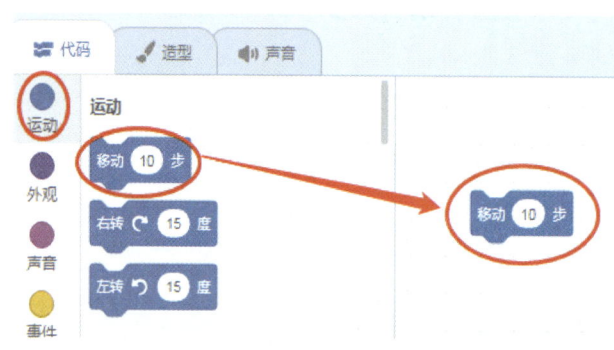

图 28-6　移动 10 步

使用造型指令让角色在移动时有动效，如图 28-7 所示。

图 28-7　下一个造型

使用等待指令控制造型切换速度，如图 28-8 所示。设置小鱼运动的条件，碰到边缘就反弹，如图 28-9 所示。

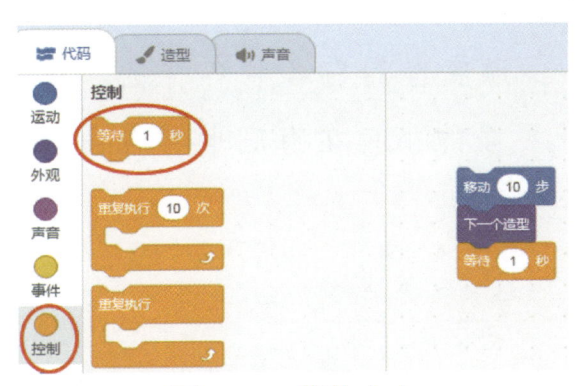

图 28-8　等待命令

图 28-9　碰到边缘就反弹 – 左右翻转

使用重复执行指令，让动作循环执行。如图 28-10 左边所示。在"事件"模块中拖动 🚩 "当被点击"并放置于整个脚本的最上方，如图 28-10 右边所示。

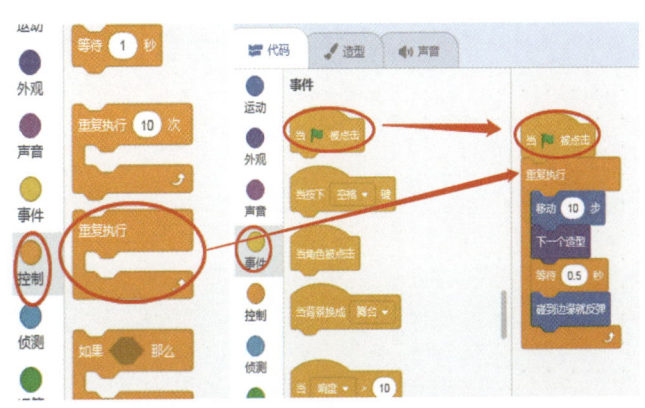

图 28-10　完整的程序脚本

现在整个程序搭建完成了。让我们欣赏美丽的海底世界吧！

海底世界有各种各样的小鱼，怎样才能让更多的小鱼在海底世界自由自在地游来游去呢？

拓展与思考

试着在课堂练习的基础上，添加更多的角色到海底世界中，让海底世界变得丰富多彩吧！

第 29 课　大鱼吃小鱼

> LoongBlock 能制作"大鱼吃小鱼"的游戏吗？

> 当然，使用"侦测"控件和"运算"控件就可以了。

动手与尝试

1. 设置舞台和角色

单击图标 ，选择"素材"中的"背景"，为作品添加背景。将背景"转换为矢量图"，并拖动边缘方框使其全屏显示，如图 29-1 左图所示。

单击图标 ，选择"素材"中的"鲨鱼"造型，添加"鲨鱼"角色，并为其增加"咬中"造型，分别命名为"张""合"，然后将其"转换为矢量图"。

再选择"素材"中的"小鱼"造型，添加"小鱼"角色，并为其增加"咬中"造型，分别命名为"小鱼""咬中"，然后将其"转换为矢量图"，如图29-1右图所示。

图29-1 设置舞台和角色

2. 侦测判断

搭建脚本："鲨鱼"跟随鼠标指针移动，当"鲨鱼"碰到"小鱼"，判断是否"按下鼠标"咬中。

设定"鲨鱼"的初始状态。拖动 移到 鼠标指针 控件到脚本区，并与其他控件连接，实现鲨鱼跟随鼠标移动，如图29-2所示。

图29-2 跟随鼠标指针移动

增加 按下鼠标? 等控件，用来判断侦测"鲨鱼"是否咬中"小鱼"，如果"按下鼠标"，"鲨鱼"更换一个张开的造型，如图29-3所示。

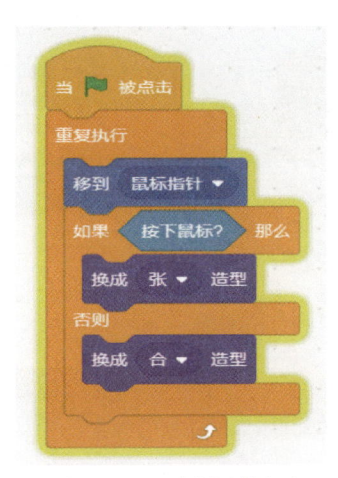

图 29-3　判断侦测

搭建脚本：当"小鱼"遇到"鲨鱼"，判断是否咬中并被咬到，如果"是"，则更换被咬中造型。

设定"小鱼"的初始状态。拖动 `在 1 秒内滑行到 x: -3 y: -18`、`在 1 和 10 之间取随机数` 等控件到脚本区，使"小鱼"实现随机在某一个海域出现，并且适时消失，如图 29-4 所示。

加入 `___与___`、`碰到 鲨鱼?`、`按下鼠标?` 等控件，判断"小鱼"是否被"鲨鱼"咬中，如果被咬中，立即更换咬中造型表示被咬中，如图 29-5 所示。

图 29-4　随机显示和隐藏

图 29-5　逻辑运算

将制作好的"小鱼"更名为"小鱼1",并执行"复制""粘贴"操作2次,新增的"小鱼"分别命名为"小鱼2""小鱼3"。同时分别修改"小鱼2"的坐标为 在 1 秒内滑行到 x: 66 y: -70 ,"小鱼3"的坐标为 在 1 秒内滑行到 x: -3 y: -18 ,让小鱼在不同的海域出现,如图 29-6 所示。

图 29-6　增加"小鱼"角色

单击 🏁 图标,运行脚本,再单击"鲨鱼"就可以去咬小鱼了哦!

拓展与思考

1. 为什么三条小鱼的坐标都不一样?你能让它们一样吗?为什么?

2. 运用其他控件是不是也能制作"大鱼吃小鱼"游戏?该怎么做?

第 30 课　鲨鱼会算数

大鱼吃小鱼的游戏真好玩，但是鲨鱼总记不清自己吃了几条小鱼。有什么办法吗？

我们可以为它设计一个计数器！

动手与尝试

1. 设置角色

可以使用第 29 课设置的角色，也可以单击 图标或 图标，为作品添加角色，如图 30-1 所示。

2. 新建变量

设置的变量可以用来计数。

单击 模块，选择 建立一个变量 控件，在弹出的"新建变量"窗口中选择"适用于所有角色",在对话框的"新变量名"框中输入"成功吃到小鱼",然后单击"确定"按钮。"成功吃到小鱼"变量就新建好了,如图30-2所示。

图 30-1　添加角色

图 30-2　新建变量

如果在建立变量时选择"仅适用于当前角色"选项会如何?

3. 变量运用

变量新建好后，会出现如图 30-3 所示的所有变量控件。

在"小鱼"角色中，拖动 将 my variable 增加 1 控件（如图 30-4 所示），将"my variable"改成"成功吃到小鱼"，使程序在大鱼吃到小鱼后，"成功吃到小鱼"增加"1"，如图 30-4 所示。

图 30-3　运用变量　　　　　图 30-4　设置变量

依照以上方法，为"小鱼2""小鱼3"添加代码。

试一试　请赶快动手制作一个会计数的大鱼吃小鱼游戏吧！

拓展与思考

1. 变量是不是只能增加不能减少？能帮体育老师做个"倒计时"的作品，帮助他计算时间吗？我们该怎么制作呢？

2. 运用"变量"制作一个有个性、有创意的闹钟。

第 31 课　鲨鱼才艺秀

海底世界的霸主"鲨鱼"想要参加才艺秀，你可以为它设计几个有趣的才艺吗？

包在我身上！

在 LoongBlock 中，可以利用"广播"功能命令一个或者多个角色执行事先设计好的脚本。

动手与尝试

1. 设置舞台和角色

启动 LoongBlock 程序，单击 图标，选择"素材"中的"underwater1"作为背景。

单击 图标，选择"绘制"功能，再选定"圆"。然后选择

"红色"，在绘图区域内按住 Shift 键并拖动鼠标，画一个圆；单击"文本"命令，输入文字"转圈"，如图 31-1 所示。

图 31-1　绘制角色

用同样的方法增加角色"笑""变色"，并将设置好的角色放在合适的位置。

选择"选择一个角色"功能导入鲨鱼角色，将其放在舞台的正中央，如图 31-2 所示。

图 31-2　设置角色

> 尝试添加舞台和角色，你可以设计一只更具艺术风格的鲨鱼吗？

2. 运用广播

选择"转圈"角色，拖动控件 当角色被点击 和控件 广播 消息1 到脚本区，单击"广播"按钮，在下拉菜单中选择"新消息"，在弹出的"新消息"对话框中输入"转圈"，然后单击"确定"按钮，如图31-3所示。

单击"鲨鱼"角色，添加控件 当接收到 转圈 和控件 右转 10 度、移动 2 步 到脚本区，使角色接收到广播消息后完成跳跃的动作指令，如图31-4所示。

图31-3 广播"新消息"

图31-4 "转圈"指令

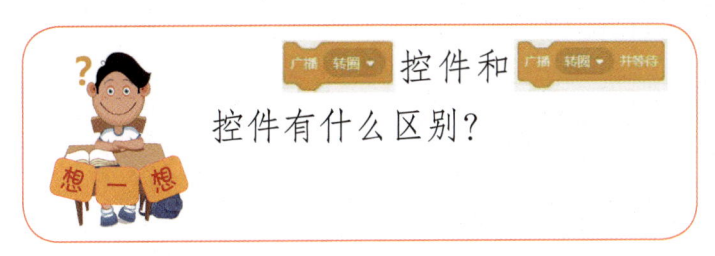

想一想：广播 转圈 ▼ 控件和 广播 转圈 ▼ 并等待 控件有什么区别？

用同样的方法分别编辑"笑"和"变色"的广播，并接收广播消息完成对应的指令，如图31-5、图31-6所示。

图31-5 "笑"指令

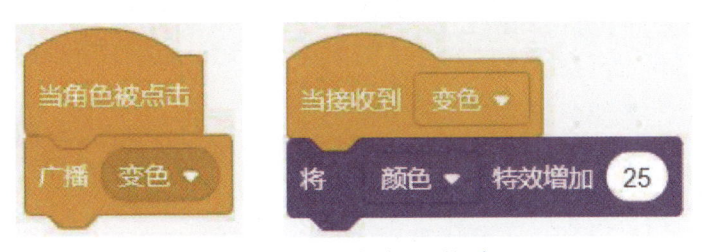

图31-6 "变色"指令

这样，鲨鱼的才艺就设计完成了。现在，我们可以去观看鲨鱼的才艺秀了！

拓展与思考

鲨鱼的才艺远远不止这些，你可以帮它设计更多的才艺，让它获得海底才艺秀的冠军吗？请动手尝试一下吧！

第 32 课　明亮的海底世界

> 天黑了，大海暗了下来，没有灯光，鲨鱼的选秀应该怎么办呢？

> 我们可以用 LoongBlock 为鲨鱼制作一个声控灯光！

动手与尝试

1. 设置舞台和角色

启动 LoongBlock 程序，单击 图标，选择"素材"中的"underwater1"作为背景。

在选定的"背景"选项卡中，选择"绘制"功能，再选定矩形工具，选择黑色填充，在绘图区绘制一个全黑的背景，如图 32-1 所示。

单击 🐻 图标，选择"绘制"功能，使用"圆"及"矩形"工具设计一个不亮的灯。因为灯有明、暗两种不同状态，所以需要在"灯"角色的"造型"选项卡中绘制一个亮着的灯造型，并将设置好的角色放在合适的位置，如图 32-2 所示。

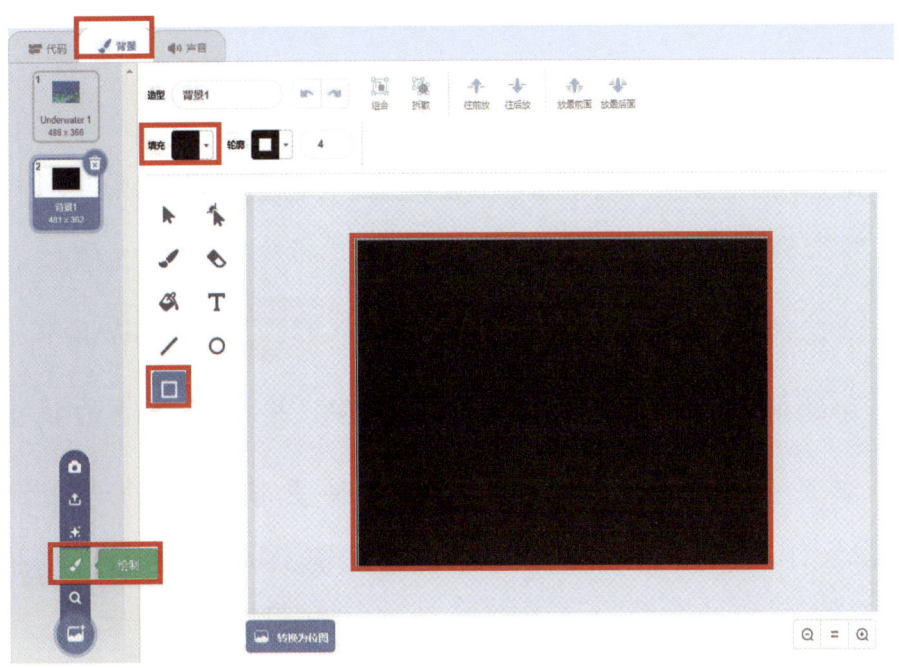

图 32-1　添加背景

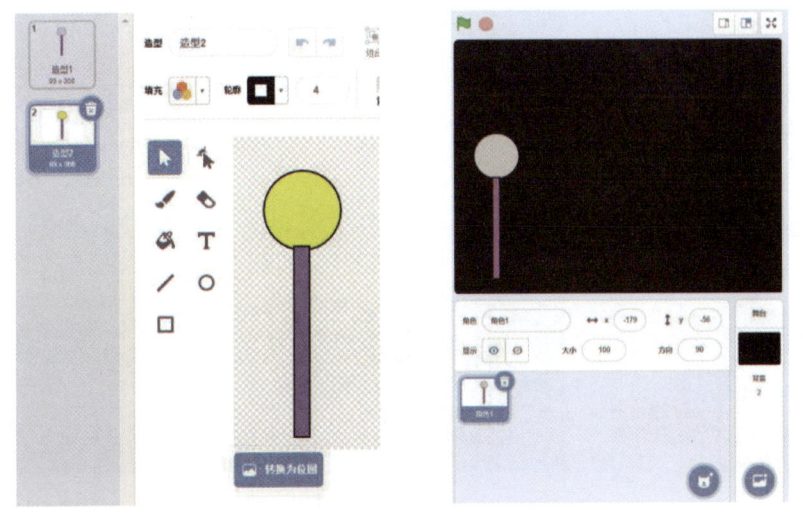

图 32-2　设计"灯"

> 你可以为灯设计出更多不同的造型吗？来试一试吧！

2. 探测话筒声音

单击"灯"角色后，拖动 `换成 造型1▼ 造型` 和 `换成 背景1▼ 背景` 控件到脚本区，实现在单击 🚩 运行程序时，海底背景及灯都处于暗的状态。

拖动控件 `响度` 和控件 `◯ > 50`，放入 `如果 那么` 的判断框中，用来判断声音的输入。单击 `响度` 前面的方框，并摆到合适的位置，使路灯在满足条件时使用 `换成 Underwater 1▼ 背景` 控件更换成亮的背景，使用 `换成 造型2▼ 造型` 控件更换成亮的路灯角色，使用 `等待 5 秒` 控件控制路灯亮着的时间，等待时间结束后，恢复暗的状态，如图32-3所示。

图32-3 声音响，"路灯"亮

第六单元 玩转图形化编程   131

要输入声音，需要用到麦克风，这是一种将声音信号转换为电信号的电子器件。在计算机主机上插上话筒就能进行声音的检测了，如图32-4所示。

图32-4 检测声音

> ☐ 响度 前面的方框有什么作用？和我们学过的哪一个控件类似？当"响度"大于"50"，这里的"50"表示什么含义？

运行程序，对着话筒说话，进行声音值的测定与调试。实现当声音响度超过50后，灯亮起，并照亮整个海底的效果；当话筒没有声音输入时，路灯会在5秒后熄灭，海底进入黑暗的状态。

现在，你可以体验一下声控灯光的功能了哦！

拓展与思考

一个完善的声控灯，还需要能够检测周围环境的亮度，用来控制白天与黑夜的亮灯状态。你来挑战一下吧！

第 33 课　鲨鱼会画画

老师，用计算机画画太难了！

你可以请教 LoongBlock 中的鲨鱼，它画画可厉害了！

1. 添加扩展模块"画笔"

使用 Windows 系统自带的"画图"软件，可以让我们在计算机上画画。在 LoongBlock 中，使用画笔扩展中的指令也能"画画"。

打开 LoongBlock，单击左下角的"添加拓展"图标，选择"画笔模块"，在控件区添加"画笔"控件，如图 33-1 所示。

2. 认识"画笔"

"画笔"模块中主要有以下几个控件：

全部擦除　用于清除舞台中所有的画笔和图章。

图章　用于将角色像图章一样印在舞台上。

落下角色的画笔，之后画笔移动时就会绘制出图像。

抬起画笔，之后画笔移动时不会绘制出图像。

通过颜色选择器可以进行画笔颜色的设置。

将画笔颜色在原有基础上增加指定的值。

将画笔的颜色设定为指定的值。

将画笔的粗细增加指定的值。

将画笔的粗细设定为指定的值。

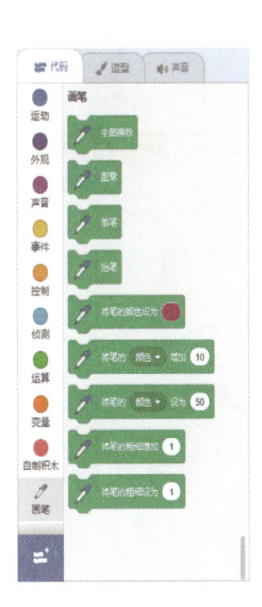

图 33-1　添加"画笔"模块

3. 绘制直线

要在 LoongBlock 中画直线，应该先使用"画笔"扩展类别中的 落笔 指令，然后再使用"动作"类别中的 移动 10 步 指令移动角色，这样就会让角色一边移动，一边将移动的痕迹留在舞台上，如图 33-2 所示。

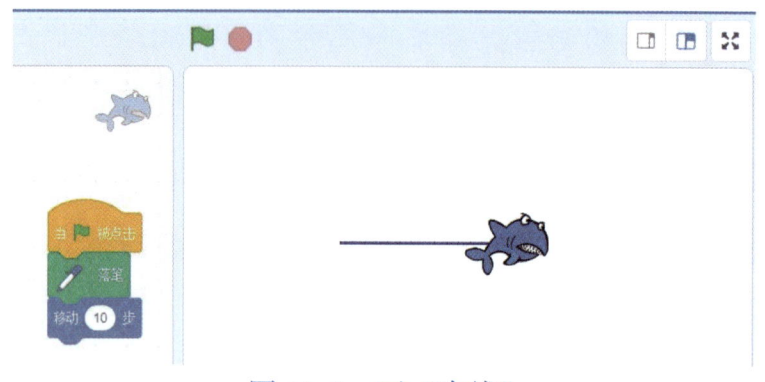

图 33-2 画"直线"

想一想

1. 怎样让鲨鱼画出有粗细、有颜色变化的直线？

2. 鲨鱼将舞台画得乱七八糟了，怎么办呢？

4. 绘制正方形

正方形有四条边，每条边的长度相同，相邻两条边所组成的角是直角。

通过鲨鱼使用 移动10步 控件移动一定的距离，并使用控件 右转 90 度 旋转90度；重复执行4次，就能够绘制一个正方形，如图33-3所示。

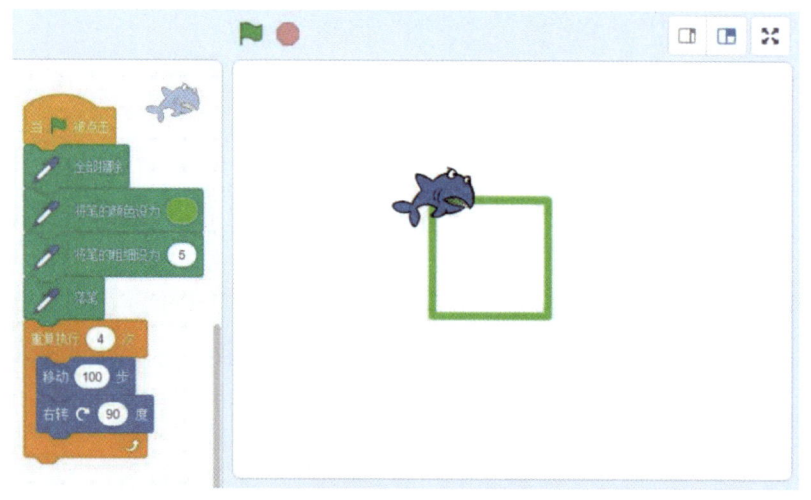

图 33-3 画"正方形"

> 你能画出正多边形吗？比如：正五边形、正六边形……快来试一试吧！

5. 绘制一朵花

绘制一个椭圆形花瓣，通过旋转花瓣可以得到完整的花，利用 控件印下角色，再利用旋转造型就能实现，如图 33-4 所示。

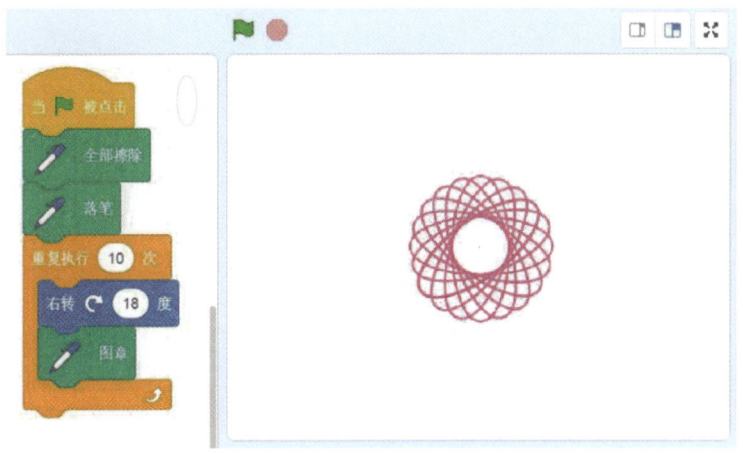

图 33-4 画"花"

拓展与思考

你还能画出更多有趣的图形吗？尝试挑战一下吧！

第七单元　走进物联网

随着科技水平的不断提高，各种各样的电子设备走进了我们的家庭，给我们的生活带来了诸多便利。

那么，这些电子设备是如何感知周边的信息的呢？"传感器"就是它们的"眼""耳""口""鼻"。有了传感器还不够，我们还要约定好传感器和电子设备之间信息的传递方式。

本单元，我们就从认识物联网开始，探究传感器的工作原理，最后了解蓝牙通信技术的作用。

第 34 课　认识物联网

> 现在的科技发展日新月异，网络也已走进千家万户。同学们，你们家中有哪些设备是连入网络的呢？

> 老师，您说的是物联网的设备吗？可多了呢！

物联网技术使人们的居家生活呈现出崭新的面貌。

扫地机器人可以自动规划打扫路线帮助我们清扫房间；智能摄像机可以和智能门锁一起工作，识别我们的身份并自动开门；空气净化器可以实时调节屋里的空气质量，呵护我们的身体。而这一切都可以构建在物联网技术上，如图 34-1 所示。

物联网在各行各业的大量应用和不断发展，正在悄悄改变着我们的日常生活方式，它的应用使我们的生活更加智能化、绿色化、人性化。

图 34-1 智能家居中的电器

> 说一说家中连入网络的设备及它们的作用。

1. 什么是物联网

物联网（Internet of Things，IoT）是指通过信息感知设备，按约定的协议相连接，进行信息交换和通信，以实现对物体的智能化识别、定位、跟踪、监控和管理的一种网络，如图 34-2 所示。物联网的主要特征包括信息感知、信息传输和智能应用等。

2. 物联网的应用

随着物联网技术的逐步成熟与广泛应用，社会生产、生活的智能化应用越来越普及，智能化程度也越来越高，如智能交通、智能家居、智能安防、智能物流、智能医疗、智能电网、智能农业、智能工业、智能环保等，如图 34-3、图 34-4 所示。

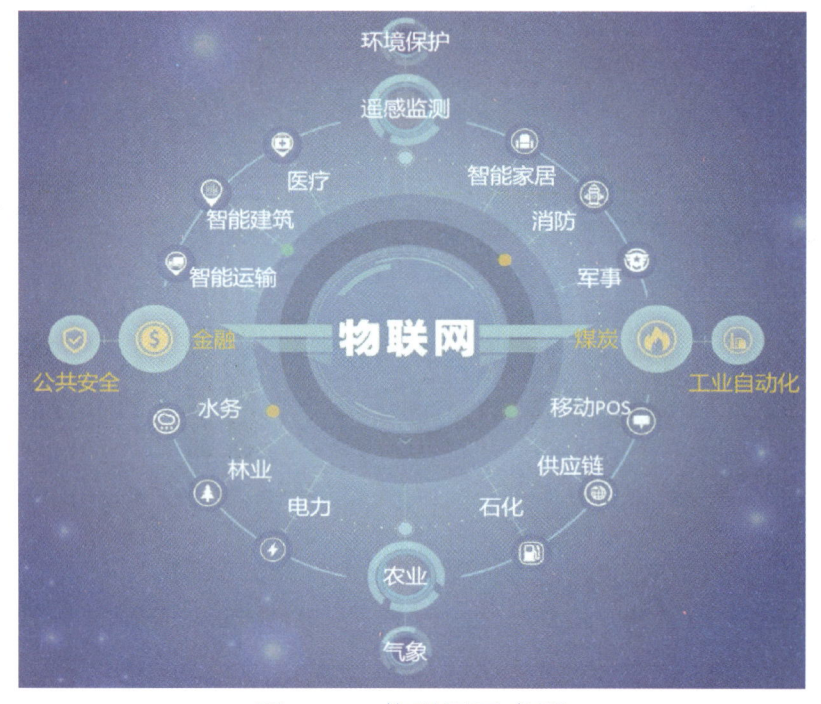

图 34-2　物联网示意图

图 34-3　智能物流应用　　图 34-4　智能环保应用

> 你对物联网哪一方面最感兴趣？你觉得物联网给它带来了哪些变化？

拓展与思考

在你平时的生活中，有哪些物联网应用？请以小组形式开展课后实践，采集信息并讨论。

第 35 课　初识传感器

老师，我家里有盏灯很奇怪，只要我一走近它，它就会亮起来，我一走远，它就又熄灭了。

那是因为这盏灯里安装了红外传感器。它会根据接收到的信号来控制灯的开关。

在物联网中，通过传感器感知"物"的信息，可以实现对"物"的智能感知和管控。

传感器好比人的眼、耳、口、鼻，不同的传感器可以采集不同的信息。因此，传感器是整个物联网系统工作的基础。正是因为有了传感器，物联网系统才能获取"大脑"所需的信息。

1. 智能感应灯

智能感应灯，通过其内部的红外传感器进行工作。若有人进入传感器的探测范围，智能感应灯便能自动开启，为人们进行自动照明，如图 35-1 所示。

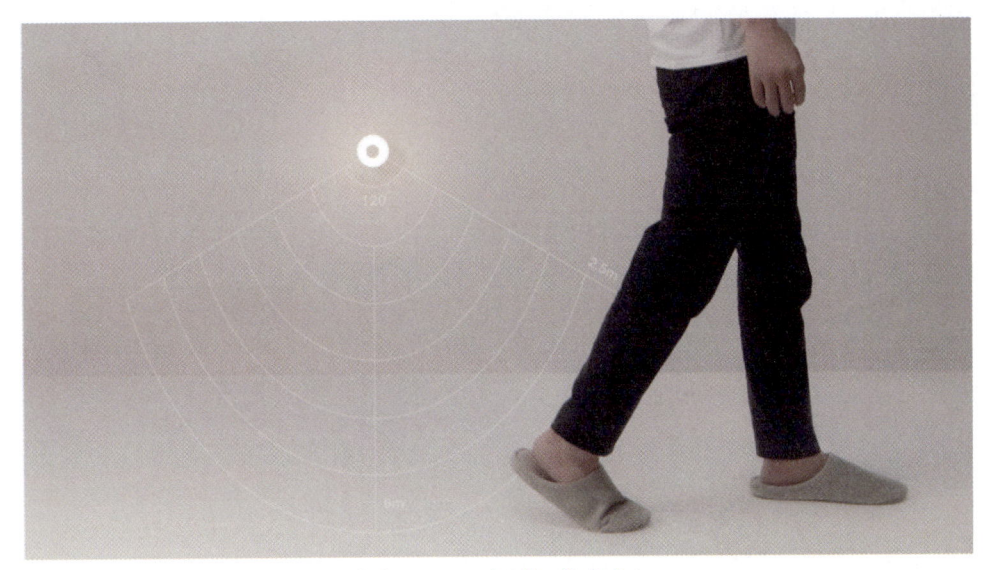

图 35-1　智能感应灯

有时候经过装有智能感应灯的过道，感应灯却没有自动照明，为什么？

2. 扫地机器人

在智能扫地机器人扫地时，无须人工干预便能自动避开家具、物件等，实现地面的清洁，如图 35-2 所示，这是因为智能扫地机器人中安装了激光雷达传感器。

激光雷达传感器能够将超声波信号转换成电信号，如图 35-3

所示。由于激光具有定向发射、强度易控制，且与被测量物体无须直接接触等特点，因此，激光雷达传感器在智能机器人中被广泛应用。

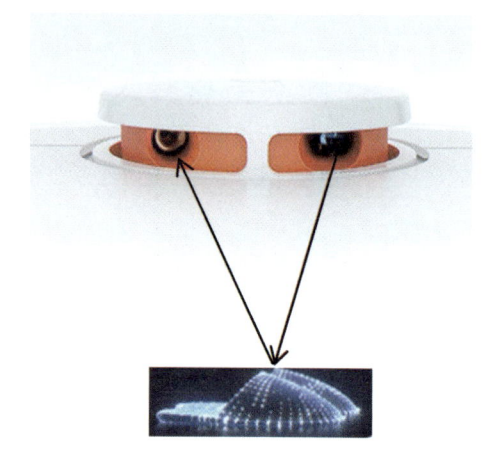

图 35-2　扫地机器人　　　图 35-3　激光雷达传感器工作原理

> 红外传感器和超声波传感器，两者有什么异同点？

拓展与思考

利用实验器材设计一个简易的智能楼道灯系统。实验器材包括传感板、扩展板、人体红外传感器、超声波传感器、LED 灯、连接线等。

第 36 课　初识蓝牙通信技术

老师，爸爸给我新买了一个智能手环，它是怎么连接到手机上的啊？

今天老师就给你讲讲手环是怎样收集数据和进行通信的。

蓝牙、Wi-Fi、4G、5G等通信技术加速了健康设备与人类之间的互联步伐，使健康服务等具备智能化。

1. 蓝牙通信技术和智能手环

蓝牙（Bluetooth）是一种短距离无线通信技术的标准。蓝牙通信技术具有功耗低、速度快、连接稳定可靠等特点。从智能手环、可穿戴设备到智能家居，蓝牙被广泛搭载于各类电子设备中，如图36-1、图36-2所示。

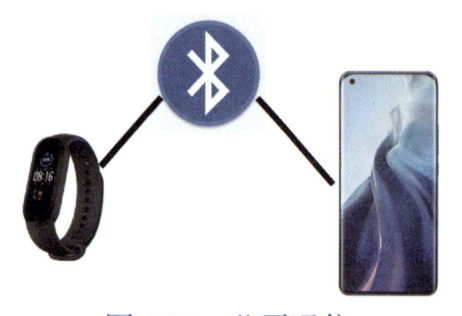

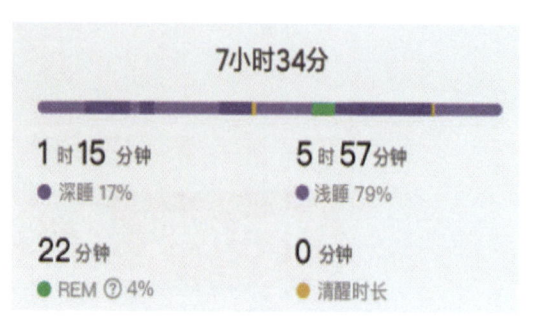

图 36-1　蓝牙通信　　　　图 36-2　睡眠质量监测

智能手环是一种穿戴式智能设备。通过智能手环，用户可以记录日常生活中的睡眠质量、行走步数、运动时间、人体能量消耗等，通过蓝牙与智能手机、平板电脑等移动终端进行通信和数据同步，能够起到通过数据知道健康生活的作用。

> **说一说**　你能列举你所知道的智能穿戴设备中哪些用到了蓝牙技术吗？

2. 健康数据与决策分析

物联网技术推动了智能体脂秤等健康类智能产品的普及，使得人体健康数据的获取和处理迈入了智能化，如图 36-3、图 36-4 所示。

分类	BMI值 kg/m²
肥胖	BMI≥28.0
超重	24.0≤BMI＜28.0
体重正常	18.0≤BMI＜24.0
体重过低	BMI小于等于18.5

图 36-3　BMI 指数计算　　　　图 36-4　BMI 检测结果

身体质量指数（Body Mass Index，BMI）是目前国际上常用的衡量人体胖瘦程度及是否健康的一个标准。

智能可穿戴医疗健康设备利用传感技术大量采集用户身体健康和行为习惯等数据，通过蓝牙等无线通信技术实时上传至健康云平台，开展健康数据分析，得出专业而精准的个人健康指导方案，让用户更直观地理解数据背后的健康信息，更有针对性地调节身体的各项健康指标，如图36-5所示。

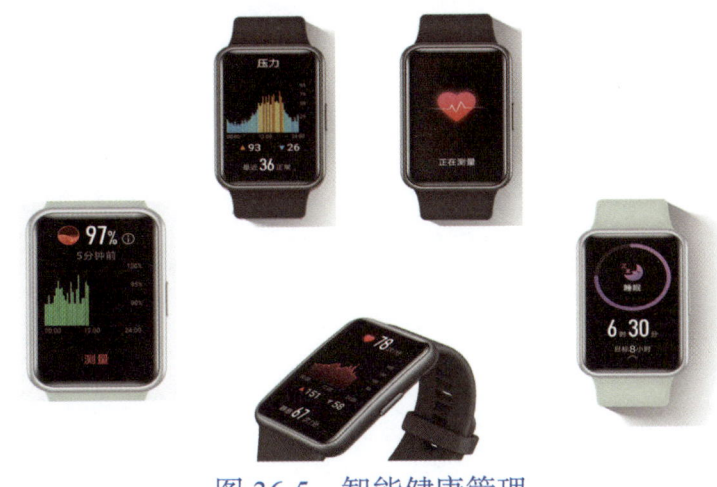

图 36-5　智能健康管理

拓展与思考

在你平时的生活中，有哪些蓝牙通信技术应用？请以小组形式开展实践，采集信息并讨论。

第八单元　智能家居

随着天猫精灵、小爱同学等智能系统进入千家万户,智能家居受到了前所未有的重视,进一步巩固了其在家装中的地位。目前,智能窗帘、智能灯光、智能门锁、智能影音已融入了我们的生活中。而家庭机器人也将在不久的将来进入普通家庭。

那么,如何系统地了解智能家居呢?我们将从智能家居的生活应用入手,理论与生活实际相结合,侧重在实例的操作中熟悉它、掌握它。

本单元,我们将从认识智能家居出发,了解智能家居在生活中的应用,了解物品的"身份证"——电子标签,以及智慧出行在现实生活中的应用,并通过相关软件编程,模拟完成智能垃圾分类、智能车库、无人驾驶等生活实例。

第 37 课　智能家居

> 你只要说想听歌，智能家居管家便会播放音乐。它还能帮助人们做很多事情。

> 我想用语音控制进行垃圾分类……

智能家居，又称智能住宅，通过对家电、照明、窗帘、浴缸、报警求助装置进行智能控制，人们可以随心所欲地控制居住环境。接下来一起通过编程设计垃圾智能分类助手吧！

动手与尝试

1. 打开软件，新建项目

打开编程软件，新建项目，并在背景上写上对应的提示文字和导入"垃圾分类"的角色，如图 37-1 和图 37-2 所示。

图 37-1　背景上的提示文字

图 37-2　导入角色

2. 添加扩展模块

单击"添加扩展"按钮，打开"扩展中心"对话框，找到"人工智能服务"模块并单击"添加"按钮，如图 37-3 所示（注：单击"添加"按钮后，该按钮变为"删除"按钮）。

图 37-3　添加人工智能服务扩展模块

3. 编写程序

编写程序首先需要对垃圾所属类别进行判断。除了用语音识别逐个判断，还可以用新建列表添加列表内容或导入列表内容等，如图 37-4 所示。

图 37-4　添加列表内容

而程序的框架设计采用"初始化、重复判断、结束"的逻辑结构，如图 37-5 所示。

图 37-5　逻辑结构

重复判断语句里面的程序用于判断垃圾是属于当前4类垃圾，还是属于无法识别的范畴，如图37-6所示。

图37-6 垃圾分类

通过语音识别厨余垃圾和可回收垃圾的程序，如图37-7所示。

图37-7 语音识别厨余垃圾、可回收垃圾的程序

请动手编写程序语句，通过语音识别其他垃圾、有害垃圾和未知垃圾。

拓展与思考

1. 编写一个程序，通过语音识别技术让智能家居管家控制家里的电视机或者音响。

2. 你能否把这几个程序合成一个，并起个贴切的名字。

第 38 课　电子标签

> 人类通过身份证号码确定身份，那物品确定身份的标签是什么呢？

> 智能车库系统好像认识我家的车……

电子标签是附着在被标识物体上的电子器件，电子标签相当于物品的身份证。

动手与尝试

1. 打开软件，新建项目

打开软件，新建项目"校园车牌识别系统"。

2. 添加图像识别、文字识别扩展模块

单击"添加扩展"按钮，打开"扩展中心"对话框，找到"人工智能服务"模块并单击"添加"按钮。本项目将使用图像识别和

文字识别两个分类模块，如图 38-1 所示。

图 38-1　添加人工智能服务扩展模块

3. 维护车牌库

新建一个列表，在弹出的"新建列表"对话框中输入列表名，如"车牌库"，单击"确定"按钮完成列表的创建，然后添加一些车牌号码到"车牌库"中，如图 38-2 所示。

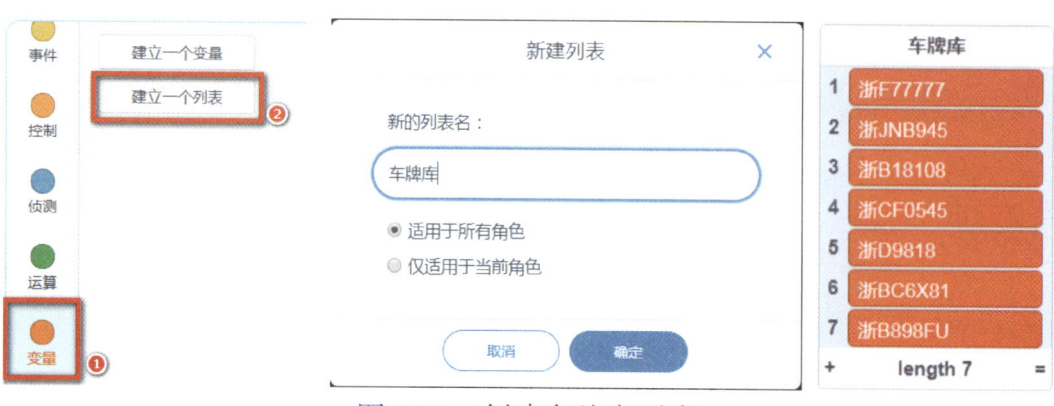

图 38-2　创建车牌库列表

4. 编写程序

为角色编写程序，程序实现功能：通过摄像头持续捕捉经过的事物。如果捕捉到的是车辆，那么识别其车牌，并在车牌库中查找是否存在，如果找到，则提示通行，否则提示到门卫处进行登记，如图 38-3 所示。

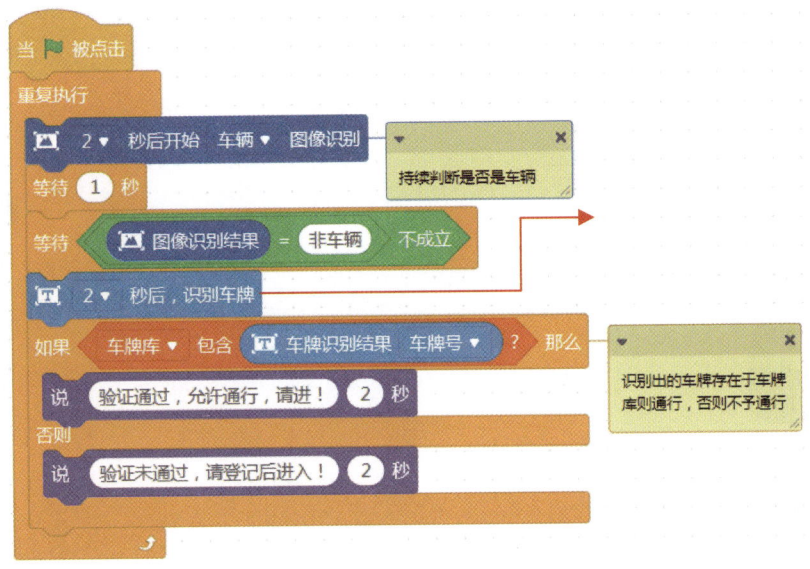

图 38-3　车辆识别脚本

拓展与思考

对项目进行修改，通过识别学生证或者身份证的号码，从而实现人员进出时的身份验证。

第 39 课　智慧出行

绿色出行，运用手机导航真是太方便了……

好想见识一下无人驾驶……

智能终端可以对出行的方式、路线、时间等进行个性化选择，智能交通使人们的出行更加便捷、高效、绿色。

动手与尝试

1. 打开软件，新建项目

绘制无人驾驶赛道。首先打开软件，新建项目。接着在项目中绘制所需的赛道作为背景，如图 39-1 所示。绘制背景时可将其转成位图模式。

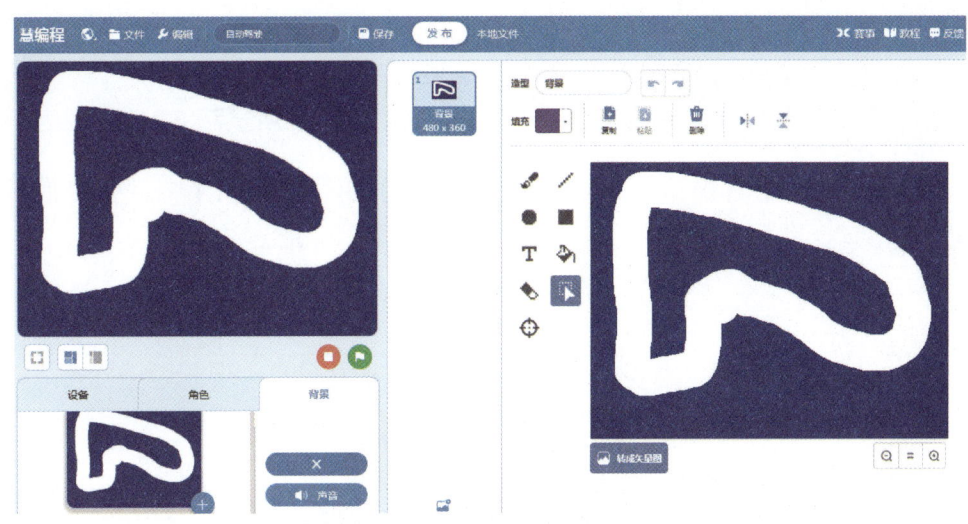

图 39-1　绘制无人驾驶赛道

2. 绘制"汽车"角色

绘制"汽车"角色。如图 39-2 所示,利用绘图工具绘制汽车,并在完成后对角色进行命名。

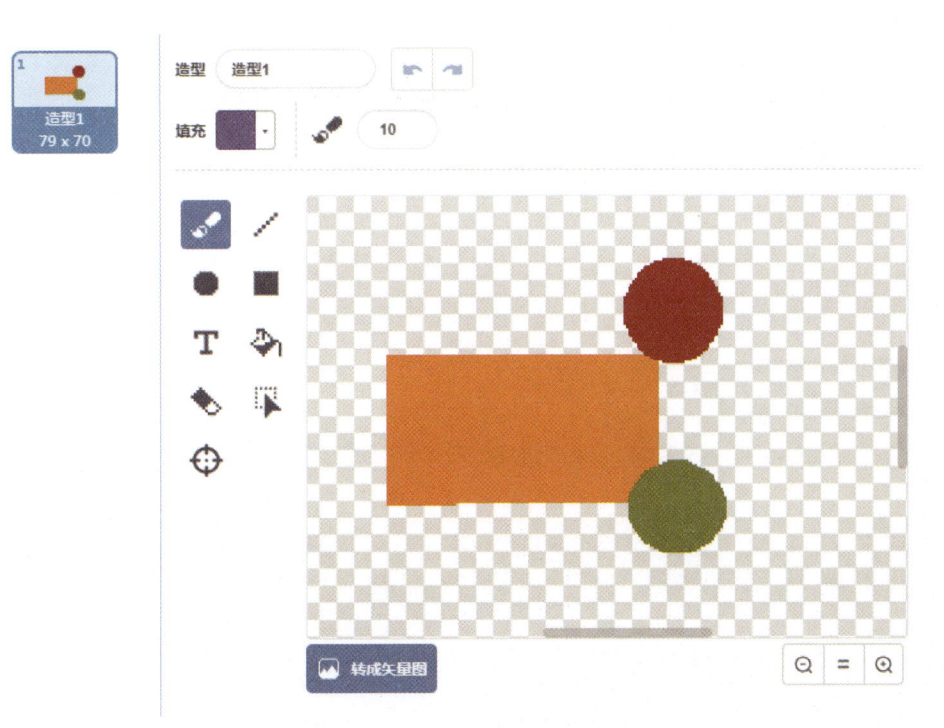

图 39-2　绘制"汽车"角色

3. 编写程序

编写"汽车"角色的程序，如图39-3左图所示。

如图39-3右图所示，选取颜色时，可以用"滴管"功能单击需要的颜色直接选取。

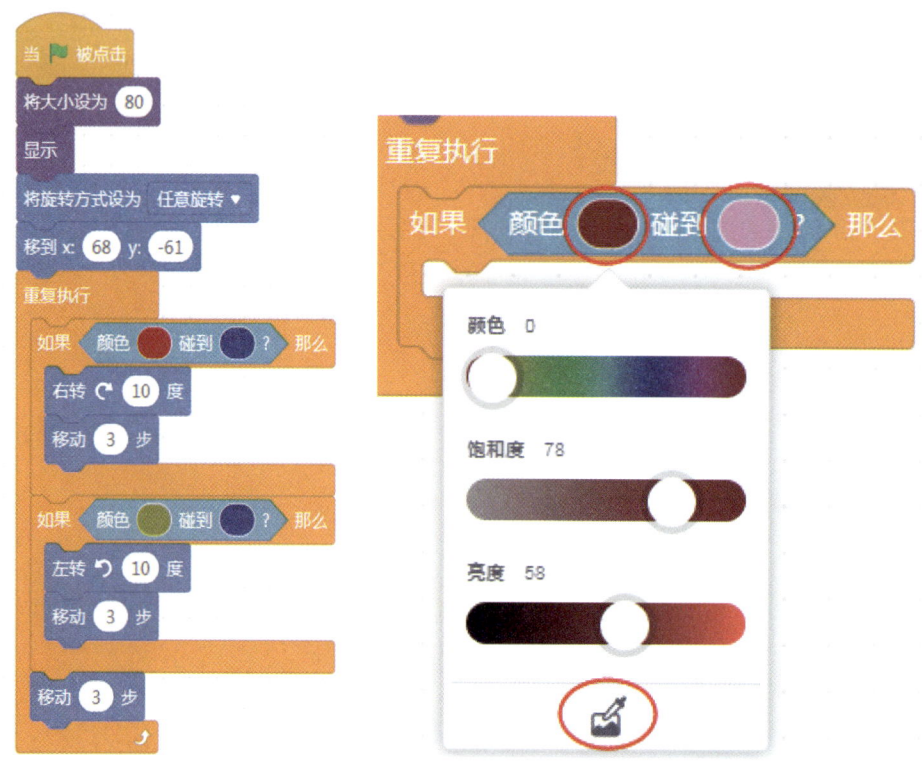

图39-3 "汽车"角色部分脚本及滴管功能使用

拓展与思考

1. 编写一个程序，使机器人通过识别地面黑线实现端菜送茶的功能。

2. 编写一个学校校史馆讲解机器人的程序，使它能根据黑线规划讲解路线。

第九单元　机器人探秘

　　你了解机器人吗？它是一种自动化的机器，与一般机器不同的是，这种机器具备一些与人或生物相似的智慧能力，如感知能力、规划能力、动作能力和协同能力，是一种具有高度灵活性的自动化机器。自从世界上第一台机器人问世，它在同学们眼中已经是很常见的东西了，它们的用处很广泛，而且发展也越来越快。随着科学进步、技术成熟，机器人将逐渐走进千家万户，成为我们日常生活和工作中的重要"伙伴"。

　　本单元，我们将从认识机器人出发，了解教学机器人的各个组成部分，熟练掌握机器人的编程语言，并能利用不同的传感器（超声波传感器、光电传感器、图像识别模块）实现对机器人的基本控制。

第 40 课　认识机器人

> 我经常在电影里看到各种各样的机器人，真想了解它们。

> 它们能听，能看，能说，能走，也能像我们一样进行"思考"，还能胜任各种工作呢！

1. 机器人的由来

1920 年，捷克斯洛伐克作家卡雷尔·卡佩克写了一个名为《洛桑万能机器人公司》的剧本，在剧本中首次使用"Robot"（机器人）一词。

1959 年，世界上第一台工业机器人"尤尼梅特"诞生了，它能够完成分拣工作。

2. 机器人的种类

机器人按照应用领域可分为工业机器人和特种机器人。工业机器人主要用于工业生产，替代人来承担机械、重复甚至有危险的工作，提高生产和作业精度，如汽车工厂里的焊接机器人、喷漆机器人等。特种机器人指用于工业生产以外承担特殊用途的机器人，如医疗机器人、军用机器人、空间探测机器人、海底深潜机器人、送餐机器人等，如图40-1所示。

工业机器人 　　　　　军用机器人 　　　　　"玉兔"号月球探测机器人

"潜龙"三号水下机器人 　　送餐机器人 　　　　　物流配送机器人

图40-1　机器人的种类

1．你对这些机器人了解多少？请与同学分享一下。

2．机器人在各行各业中的应用非常广泛，你还知道哪些机器人呢？

3．机器人的组成

通常一台完整的机器人设备由3个基本部分构成，如图40-2所示。

（1）控制系统：机器人的"大脑"——指挥中枢。

（2）传感系统：机器人的"感觉器官"。

（3）执行系统：机器人的"四肢"和"嘴"等。

图 40-2　机器人的基本构成

机器人有了控制器、传感器、执行部件等后，还不能正常工作，它还缺少"思想"——程序。只有输入程序后，机器人才能够正常工作。

拓展与思考

1. 观察你身边的机器人都有哪些组件？这些组件是如何像人类的身体器官一样发挥作用的？

2. 想象一下未来的机器人会是什么样子的？

第 41 课　走进机器人

> 我在图书馆、医院、科技馆里都见过机器人。

> 是的。下面我们一起来学习教学机器人，加深对机器人的了解吧！

1. 认识教学机器人

教学机器人是机器人家族中的重要一员，它帮助我们更好地学习机器人知识，并制作简单的智能机器人。教学机器人按类别可以分为一体式机器人和积木式机器人。一体式机器人在出厂时就已成形，基本结构不能改变；积木式机器人则可以根据我们的需要灵活组装，如图 41-1 所示。

图 41-1　一体式机器人和积木式机器人

2. 机器人编程

要使机器人按照人们的想法工作，就要用到编程软件来编写程序，各种机器人一般都有相应的编程软件。

我们可以利用编程软件编写相应的程序，并将它输入到机器人的"大脑"中，机器人就能按照人们的要求进行工作，如图41-2所示。

图 41-2　LoongBlock 编程界面

教学机器人编程软件通常采用图形控件或代码编程。控件库包括 LoongBlock 标准库、机器人编程和自制积木三部分，每一个模块都由相应的图形控件组成。通过搭建流程图的方式，按一定的逻辑规则连接这些控件，实现对机器人完成特定任务的编程。

拓展与思考

1. 打开计算机中的 LoongBlock 编程软件，熟悉并掌握三个模块（LoongBlock 标准模块、机器人模块、自制积木模块）。

2. 试着编写一段简单程序，用数据线连接机器人并下载程序。

第 42 课　让机器人动起来

如何让我的机器人运动起来呢？

那就需要用机器人编程软件编写相应的程序，然后输入到机器人中。

1. 机器人前进

任务：机器人从 A 点出发，直线前进到 B 点，然后停止运行，如图 42-1 所示。

图 42-1　前进路线

机器人从起点出发，经过一段时间的行走，最后到达终点。你能大致测算出需要多少时间吗？（时间＝路程÷速度）

我们首先要对任务进行思考分析，然后画出程序流程图。那么这个流程图应该怎么画呢？

1．根据流程图，编写相应的程序，如图42-2所示。

2．上传程序到机器人中并调试，看看能不能顺利完成任务？

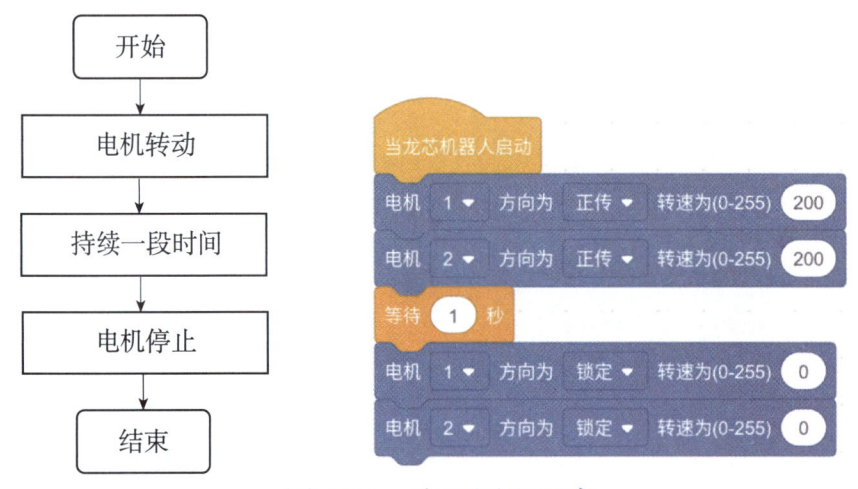

图 42-2　流程图和程序

2．机器人后退

任务：机器人从 B 点出发，后退到 A 点，然后停止运行。

机器人前进时电机设置为正转，那么后退应该怎么设置呢？

尝试更改程序并调试机器人。

3. 机器人转弯

任务：机器人从 A 点出发，经过 B 点，最后到达 C 点，如图 42-3 所示。

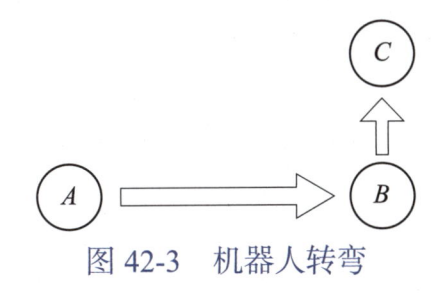

图 42-3　机器人转弯

分析机器人的任务，可以把整个任务分成三个小任务：

（1）机器人从 A 点出发到 B 点。

（2）机器人在 B 点左转。

（3）机器人从 B 点前进至 C 点。

机器人是怎样转弯的？

四轮机器人左转弯有以下几种方式：

（1）左边轮向后转的同时右边轮向前转，用相同速度，机器人就可以实现原地左转，如图 42-4 所示。

图 42-4　左转弯方式 1

（2）左边轮不动，右边轮向前转，机器人就会向左侧偏转，如图 42-5 所示。

图 42-5　左转弯方式 2

（3）左边轮慢速向前转，右边轮快速向前转，机器人就会向左前方偏转，如图 42-6 所示。

图 42-6　左转弯方式 3

拓展与思考

如图 42-7 所示，你能让机器人从 A 点经过 B 点到 C 点，再从 C 点直接返回 A 点吗？赶紧调试你的机器人吧！

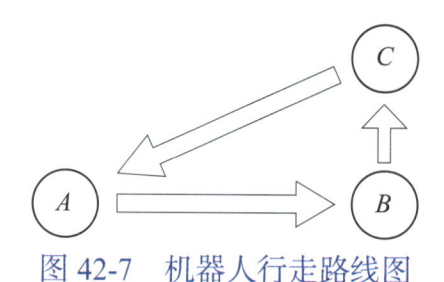

图 42-7　机器人行走路线图

第 43 课　机器人避障

> 我家的扫地机器人遇到墙壁就会转弯。

> 对呀，这种本领就叫"自动避障"。你知道它是通过什么来判断前方物体的吗？

1. 超声波传感器

传感器相当于人的眼睛、鼻子等感觉器官，机器人通过传感器感知外部环境获取数据。传感器将从外部获得的数据转换成机器人可识别的信息，并传送到控制系统中，控制系统通过分析处理信息，对执行系统下达命令，从而控制机器人的行动。

在扫地机器人的正前部安装了超声波传感器，它就像机器人的眼睛，能够检测出机器人与障碍物的距离。超声波传感器有两只"眼睛"，一只用来发出声波，另一只用来接收声波，如图 43-1 所示。

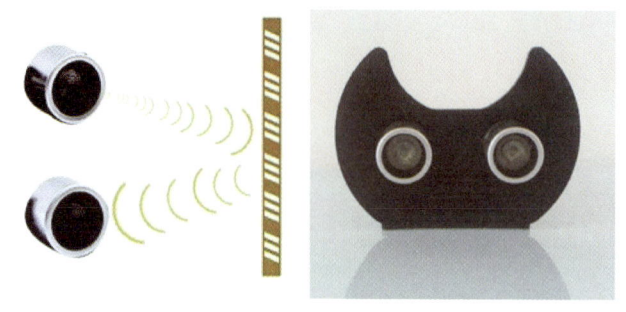

图 43-1　超声波传感器

2. 编写传感器程序

机器人避障的工作原理：机器人在前进的过程中不断使用超声波传感器检测前方是否有障碍物。如果有，那么机器人后退转弯；如果没有，那么机器人前进。

这里用到三种程序结构：顺序结构、选择结构、循环结构。

> 你能画出机器人避障的程序流程图吗？

图 43-2 中是超声波传感器在编程软件里的积木块，我们只要设置端口号就可以了。比如，我们想让机器人与障碍物之间的距离小于 20cm 的时候进行后退转弯，那么只要加入运算符就可以实现了。

图 43-2　超声波传感器积木块

拓展与思考

编写一个避障机器人程序，并在教室里进行测试。与同学说一说你的机器人遇到障碍物是怎么躲避的？

第 44 课　机器人巡线

送餐机器人在餐厅里都是沿着黑线在行走的，这是通过什么来实现的呢？

这样的机器人往往都有固定的行走线路，它们都是利用传感器来识别黑线的。

1. 了解红外巡线传感器

机器人认识黑线，可以用红外巡线传感器来实现。当然，除了红外巡线传感器，还有许多传感器能让机器人识别黑线。

红外巡线传感器通常安装在机器人底部，一般我们可以用四路红外巡线传感器来循线。中间两路用来巡线，两边的各一路用来判断黑线路口。

机器人巡线的工作原理：如图 44-1 所示，我们把 4 个红外巡线传感器分别从左到右编号 1~4 号。如果中间两个红外巡线传感器（2 号和 3 号）

图 44-1　机器人巡线的工作原理

同时检测到黑线，那么机器人就直行；如果2号红外巡线传感器没有检测到黑线，而3号红外巡线传感器检测到了黑线，那么说明机器人向左偏离了黑线，需要向右转动；同样，如果2号红外巡线传感器检测到了黑线，而3号红外巡线传感器没有检测到黑线，那么机器人需要向左转动。红外巡线传感器实物如图44-2所示。

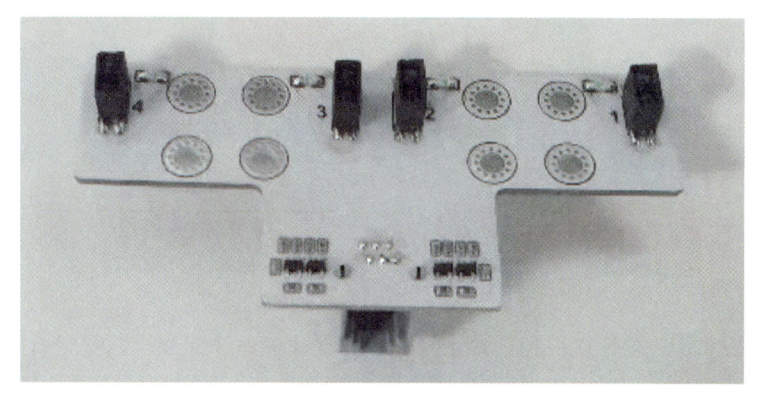

图44-2 红外巡线传感器实物

你能画出机器人循线的程序流程图吗？

2. 编写巡线程序

图44-3中是红外巡线传感器在编程软件里的积木块，端口号就是连接机器人主控板的端口，循迹传感器就是指几号红外巡线传感器。在LoongBlock中我们读取到红外巡线传感器检测黑色时的数据为0，检测到白色时的数据为1，如图44-4所示。

图44-3 红外巡线传感器积木块

图 44-3　读取的端口号

拓展与思考

1. 编写巡线程序，并在场地上测试效果。

2. 如果遇到转弯路口或者十字路口，可以用 1 号和 4 号光电传感器来判断路口，你能编写出相应的程序吗?

第十单元　走进人工智能

人工智能是一门极富挑战性的科学，它由不同的领域组成，如机器学习、计算机视觉等，总的说来，人工智能研究的一个主要目标是使机器能够胜任一些通常需要人类智能才能完成的复杂工作。

为抢抓人工智能发展的重大战略机遇，构筑我国人工智能发展的先发优势，加快建设创新型国家和世界科技强国，我国已提出了《新一代人工智能发展规划》。

本单元，我们将学习什么是人工智能，它的工作原理是什么，人工智能的发展史又是怎样的，逐步了解人工智能的相关研究领域，并通过相关体验进一步感受人工智能带来的生活便利。

第 45 课　认识人工智能

> 昨天在超市里,我看到一个叔叔结账时,刷了一下脸就完成了付款。

> 这里应用了人工智能技术。

动手与尝试

1. 什么是人工智能

人工智能（Artificial Intelligence），英文缩写为 AI。它是研究、开发用于模拟、延伸和扩展人的智能的理论、方法、技术及应用系统的一门新的技术科学，是计算机科学的一个分支，这门科学让机器做人类需要智能才能完成的事。该领域的研究主要涉及机器人、语音识别、图像识别、自然语言处理和专家系统等。

2. 人工智能的工作原理

计算机会通过传感器（或人工输入的方式）来收集关于某个情

景的事实。计算机将此信息与已存储的信息进行比较，以确定它的含义。计算机会根据收集来的信息计算各种可能的动作，然后预测哪种动作的效果最好，如图 45-1 所示。计算机只能解决程序允许解决的问题，不具备一般意义上的分析能力。

图 45-1　人工智能技术应用广泛

> 上网搜索一下生活中还有哪些是属于人工智能的，并把它们记录下来。

3. 人工智能的发展历程

1956 年在达特茅斯会议上，Marvin Minskey、John McCarthy 等科学家围绕"机器模仿人类的学习及其他方面变得智能"展开讨论，并明确提出了"人工智能"一词。

第一发展阶段

1956 年，Newell 和 Simon 在定理证明工作中首先取得突破，开启了以计算机程序来模拟人类思维的道路；1960 年，McCarthy 建立了人工智能程序设计语言 LISP。一系列的成功使人工智能科学家们认为，可以研究和总结人类思维的普遍规律并用计算机模拟它的实现，并乐观地预计可以创造一个万能的逻辑推理体系。

第二发展阶段

20世纪70年代中期至80年代末，在1977年第五届国际人工智能联合会会议上，Feigenbaum教授在特约文章《人工智能的艺术：知识工程课题及实例研究》中系统地阐述了专家系统的思想并提出"知识工程"的概念。至此，人工智能的研究又有了新的转折点，即从获取智能的基于能力的策略变成了基于知识的方法研究。此后，人工智能的发展进入平稳发展期。

第三发展阶段

近些年，大数据时代的到来和深度学习的发展象征着人工智能的发展迎来了第3次发展热潮。1997年，IBM的深蓝（Deep Blue）机器人在国际象棋比赛中战胜世界冠军卡斯帕罗夫，引发了人类对于人工智能的思考。2016年，英国初创公司DeepMind研发的围棋机器人AlphaGo通过无监督学习战胜了围棋世界冠军柯洁，让人类对人工智能的期待提升到了前所未有的高度，在它的带动下，人工智能迎来了最好的发展时代。2019年，上海举办了世界人工智能大会，会议集聚了全球人工智能领域最具影响力的科学家和企业家及相关政府的领导人，围绕人工智能领域的技术前沿、产业趋势和热点问题发表演讲和进行高端对话，开启人类对于人工智能发展的新一轮探索。

上网搜索更多关于人工智能发展的相关资料，在小组内进行讨论交流。

第 46 课　人工智能技术应用

人工智能在生活中还有哪些应用呢？

嗯，人工智能技术的应用精彩纷呈，让我们去看看吧！

人工智能技术的应用推广，极大地改变了我们的生活方式，主要领域有深度学习、计算机视觉、智能机器人、虚拟个人助理、自然语言处理—语音识别、自然语言处理—通用、实时语音翻译、情境感知计算、手势控制、视觉内容自动识别、推荐引擎等。下面就其中几个领域进行介绍。

1. 深度学习

深度学习是人工智能的一个重要应用领域。说到深度学习，大家第一个想到的肯定是 AlphaGo，通过一次又一次的学习、更新算法，最终在人机大战中打败围棋大师，如图 46-1 所示。

图 46-1　人机大战

2. 计算机视觉

计算机视觉是指计算机从图像中识别出物体、场景和活动的能力。计算机视觉有着广泛的细分应用，其中包括医疗领域成像分析、人脸识别、公共安全、安防监控等，如图 46-2 所示。

图 46-2　人脸识别保安全

> 生活中还有哪些场景应用了计算机视觉技术？

3. 自然语言处理—语音识别

语音识别，是把语音转化为文字，并对其进行识别、认知和处理。语音识别的主要应用包括电话外呼、医疗领域听写、语音书写、计算机系统声控、电话客服等，如图46-3所示。

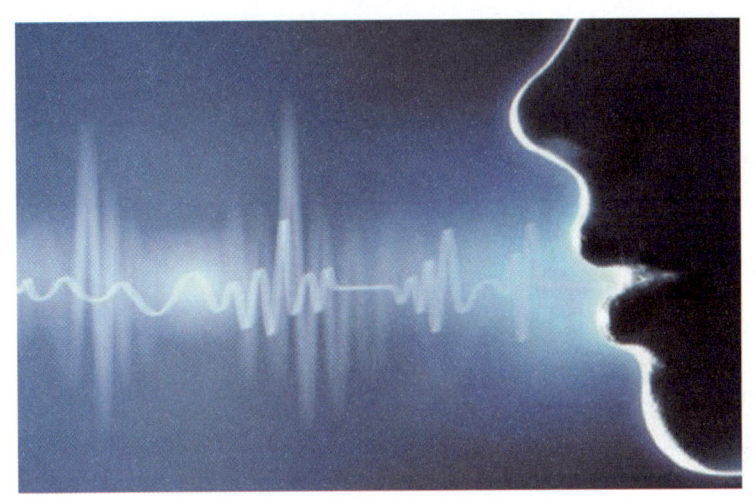

图 46-3　语音识别保安全

> 利用讯飞语音输入法，在 WPS 中尝试用语音书写的功能。

拓展与思考

未来的人工智能会是怎样的？

第 47 课　OCR 文字识别

怎样快速地把作文输入到计算机内呢？

我们可以使用文字识别工具来完成，方便又快捷。

文字识别是计算机识别字符的技术，计算机能根据字符的特征，识别并转换成可编辑的文本。OCR 文字识别就是对文本资料进行扫描，然后对图像文件进行分析处理，获取文字及版面信息的过程。

1. OCR 文字识别的图像获取工具

在进行 OCR 文字识别前我们先来了解一下相关的图像获取工具，如图 47-1 所示。

图 47-1　OCR 文字识别扫描设备

常见的 OCR 文字识别图像工具有带有摄像头的智能移动终端、扫描仪、照相机等。

2. OCR 文字识别在线体验

除了一些 OCR 文字识别软件，目前很多人工智能平台也提供了在线体验服务，如百度 AI、科大讯飞、阿里云、腾讯云等，如图 47-2 所示。

图 47-2　OCR 文字识别人工智能平台

> 请你自己选择一个网络在线平台进行 OCR 文字识别的体验。

3. OCR 文字识别的一般处理步骤

（1）图像输入、预处理

图像输入：不同的图像格式，有着不同的存储格式、不同的压缩方式。

预处理：主要包括二值化、噪声去除、倾斜校正等。

（2）倾斜校正

由于一般用户在拍照文档时比较随意，因此拍照出来的图片不可避免地会产生倾斜，这就需要文字识别软件进行校正。

（3）版面分析

将文档图片分段落、分行的过程就叫作版面分析，由于实际文档的多样性、复杂性，因此，还没有一个固定的、最优的切割模型。

（4）字符切割

由于拍照条件的限制，经常造成字符粘连、断笔，极大地限制了识别系统的性能，这就需要文字识别软件有字符切割功能。

（5）字符识别

这一研究已经是很早的事情了，比较早的应用有模板匹配，后来以特征提取为主。文字的位移、笔画的粗细、断笔、粘连、旋转等因素，极大地影响特征提取的难度。

（6）后处理、校对

根据特定的语言上下文的关系，对识别结果进行校正，就是后处理。

拓展与思考

你认为生活中还有哪些地方应用了文字识别技术？